# 為自己做
THE NEXT RIGHT THING
A Simple, Soulful Practice For Making Life Decisions
# 對的決定

影　響　一　生　的　抉　擇　力

艾蜜莉・P・佛里曼 著　陳雅馨 譯
EMILY P. FREEMAN

## 飛行，除了體力以外，更需要方向

我們常用「飛」作為吉祥話來勉勵彼此，諸如鵬程萬里、展翅高飛、飛鸞翔鳳等等。但我很喜歡跟分享一句話：「飛行，除了體力以外，更需要方向。」可不是嗎？飛的方向若錯了，飛得越快，反而離目的地越遠、離所期待的幸福越遠。

人的一生總是在不斷做抉擇，總是需要在某些關鍵時刻選擇方向。這本由艾蜜莉・P・佛里曼所著的《為自己做對的決定：影響一生的抉擇力》一書中所談的內容，對現代人而言是很重要的練習，也是我們在學校裡所學不到的功課，它幫助我們除了期勉自己成為能振翅高飛之外，更重要的是要能做對抉擇、飛對方向。

現代人生活壓力大，身為一個精神科職能治療專家，我發現社會上許多人的負面心情都跟找不到未來方向、或不知該如何抉擇有關。甚願這本《為自己做對的決定：影響一生的抉擇力》不但能助現代人成功，更是能為這個社會帶來療癒。祝福您能從這本書中得到啟發與幫助。

——施以諾，輔仁大學醫學院職能治療學系教授暨系主任

## 閱讀本書，對的開始

你的決定是為了自己還是為了別人？人生會有很多下決定的時刻，做對的決定需要智慧與勇氣，好好閱讀本書就是對的開始。

——鄭俊德，閱讀人社群主編

今天，沒有比艾蜜莉・P・佛里曼更值得信賴的聲音了。她的貫徹始終及堅定信仰一次又一次地感動並改變了我。《為自己做對的決定》正是這樣的一本書——它是你必須讀、艾蜜莉必須寫，而我們所有人必須在生活中實踐的一本書。對這本書的存在我滿懷感激。

——安妮・F・唐斯（Annie F. Downs），
暢銷書《勇敢的一百天》（100 Days To Brave）以及《記得神》（Remember God）作者

《為自己做對的決定》啟蒙了我，使我產生自覺，並給了我我沒有意識到自己決策過程中缺乏的那些工具。透過輕輕將我們的注意力拉回到賜予我們平安與明晰的那一位，在不確定性與混亂之中，艾蜜莉向我們指出生活的終極平安與明晰。

——坎迪斯・卡麥隆・布爾（Candace Cameron Bure），
演員、製作人、《紐約時報》暢銷書作家

這本書將帶給你自信、智慧、意圖，你將以不同的觀點看待你生命中的大小決策。閱讀《為自己做對的決定》就是你下一個對的決定。

——麥奎琳・史密斯（Myquillyn Smith），
《華爾街日報》暢銷書《舒適、極簡的家》（Cozy Minimalist Home）作者艾蜜莉有種天賦，她能把我們大多人了然於心，卻因忙碌而無暇細思的事情說出來。在我自己的生活中，艾蜜莉的作品是我必讀的，我十分感激能與她為友。

——蒂許・奧森瑞德（Tsh Oxenreider），《以當下爲家》（At Home in the World，譯按：此書爲一行禪師傳記）作者

艾蜜莉・P・佛里曼是真正的高手。她很有智慧，是個值得信賴的嚮導，她會在你需要聽見的時刻準備好你需要聽見的話。如果你感到困惑、不知所措，或渴望聽見在決策方面充滿活力、既實用又能改變人生的觀點，那麼《為自己做對的決定》就是你一直在尋找的那本書。

——曼蒂・艾里奧托（Mandy Arioto），MOPS International執行長

就像艾蜜莉的所有作品一樣，這本書同時兼具了洞察力與實用性。它教導我們，生命是活出來的，不是思考出來的。而我們活出它的方式就是一次一次勇敢的選擇。

——傑夫・高恩斯（Jeff Goins），暢銷書《工作的藝術》（The Art of Work）作者

艾蜜莉・P・佛里曼的聲音溫柔而有力，而這本安靜的傑作字字句句都令我我深深著迷。我們每個人都會發現自己處於過渡期，渴望做出最後的決定，並且很容易就發現自己已經被逼到了終點線前。艾蜜莉親切而有自信地邀請我們走上一條新的道路，終點線在這條路上只是次要的。我做決定的方式再也不會一樣了。

——肯德拉・阿達奇（Kendra Adachi），The Lazy Genius Collective創辦人

《為自己做對的決定》是本你可以一讀再讀的書，每一次它都會以一種全新的方式擄獲你心。如果你為做決定而掙扎，如果你的生活正處於鉅變中，如果你只是想得到一些安靜的指導，讓你的日子過得更有目的些，以及（或者）如果你喜愛艾蜜莉的寫作與播客，這本書就是為你而準備的！

——克里斯朵・潘恩（Crystal Paine），MoneySavingMom.com創辦人，《克里斯朵・潘恩秀》（The Crystal Paine Show）主持人

讀了艾蜜莉・P・佛里曼的書，我開始更相信耶穌承諾——他的軛是容易的，他的擔子是輕省的。《為自己做對的決定》將我們從對不確定未來的極度焦慮中解救出來。

——珍・波拉克・米歇爾（Jen Pollock Michel），《悖論的驚喜》（Surprised by Paradox）作者

艾蜜莉的文字引人入勝，具有可行性和啟發性，她的文字將帶領你更深地進入你邁出優雅的下一步過程之中。

——艾倫及蓋姆・菲德凌（Alan and Gem Fadling），Unhurried Living創辦人

艾蜜莉已經成了我的決策指導者。她在這本書中提供了容易應用到日常生活中的深刻智慧。艾蜜莉讓我們知道，做下一件對的事不僅是可能的，也是可取的。這本書不僅來得正是時候，而且也禁得起時間的考驗。

——詹姆士・布萊恩・史密斯（James Bryan Smith），《美善的神》（The Good and Beautiful God）作者

我們生活在一個有著令人措手不及的大量選擇及要做決定的時代。艾蜜莉提供了一份實用的指南，幫助我們在生活的各種時刻辨明何者是「下一件對的事」。我非常感謝這本書！

——喬丹・雷諾（Jordan Raynor），暢銷書《創造的呼召》（Called to Create）作者

## 【編按】本書閱讀使用法

中文版編輯特別為讀者將內容做出四大分類，讓讀者可以一目了然，從裡到外，深化「為自己做對的決定」的操練。二十四個章節其實都是一個「做決定」的方法，而分類是讓讀者可以更清楚，透過「裝備、問自己、找答案、成長」四大主題循序漸進，得到本書作者所要傳達的「在愛中做決定」的核心。

## 第1步 裝備——創造靈魂空間



## 第2步 問自己——知道自己更想要什麼

## 第3步

# 找答案

## ——找到你的安全感與自信心



## 第4步

# 成長

## ——在愛中看清你正確的下一步

# Part 1

# 裝備
# ——創造靈魂空間

「做對下一件事的唯一理由就是，我們知道這樣做是為什麼，以及我們的方向和目的是什麼。」採取行動之前，我們必須先裝備自己。你要靠什麼來裝備你自己呢？

第一章

# 做下一件對的事

我們大部分的人，終其一生難得禱告、很少計畫，汲汲營營，雖心存盼望，卻從沒有多少把握，總是暗自擔心我們會錯過通往天國之路。——A・W・陶恕（A. W. Tozer），《認識至聖者》（The Knowledge of the Holy）

招生大樓聞起來有股奮發向上、焦慮不安和千禧蟲的味道，我站在離我家只有幾英里的大學母校入口，做了一次長長的深呼吸。**我到底在做什麼呀？**儘管我已大致打定了主意，這個問題仍舊在我的腦海中徘徊不去。總辦公桌坐落於建築的中心，一座像張大嘴的圓形巨物。我一邊走向那張桌子，一邊掃視了整個房間，卻找不到半張熟悉的臉孔，還真是開心極了。我還沒做好心理準備要跟人隨便聊聊我出現在這裡的原因。坐在那張永恆辦公桌後方的女士主動問我是否需要幫忙，我告訴她我想要一份我的成績單副本。她開始工作，而我也總算適應了下來。

每當人們知道我正在讀研究所時，他們都會問的一個問題就是為什麼。這個問題很正常，如果你告訴我同樣的事，我也會問你這個問題。你為什麼要回學校念書？就是這個問題讓我在做決定時有好幾個禮拜都徹夜難眠。**我為什麼要這樣做？我已經有了工作、家庭和完整的生活。這將會花上大把時間和金錢，它究竟意義何在？**當我嘗試決定接下來要做什麼時，這個問題糾纏著我給個答案。我沒有一個條理分明的清楚計畫，也不渴望一份需要這個學位才能得到的工作，甚至沒有那種當你第一次決定要上大學時會有的文化期望：因為「這就是你該做的」。在我這個年紀，重新去上學不是一件你該做的事。當我在為這個決定舉棋不定時，我惹惱了身邊的每一個人。或者也許我只是惹惱了自己而已。有時候我很難區分其中的差別。

正是那些我們生活中的可能和也許讓我們夜不成眠。**也許我該接受這個新職位。我的孩子該上什麼學校才好呢？我要怎樣才能贍養我年邁的雙親？如果我的選擇錯了，下場會是什麼？**

關於重新回到學校的決定，我就是不確定它是否是對的。我的丈夫約翰全力支持這個決定，時機很好，我對課程也很感興趣。但如果我決定要做了，之後卻發現它讓我的家庭承受了太大壓力呢？或者如果我決定**不去做它**，卻也對這個決定感到後悔呢？

一連好幾個月，各種決定的可能性成了我和家人及密友們每次談話的主題。面對做決定的壓力，我們都有不同的處理方式，這次我有點迷失方向，變成整個人的注意力都集中在這個決定上。我專注聆聽牧師講道，希望知道上帝是否在這些話中藏了一個特別的訊息給我。我在德芙（Dove）巧克力包裝紙上的精鍊小語中尋找更深刻的含意。我谷歌（Google）了所有關於做決定的方法：**如何在五分鐘內做決定、面臨重大決定時該怎麼辦，以及如何知道你的選擇是否正確**。

具體的決定是什麼不重要。沒有做的決定有股強大的力量。它們會推著你、拉著你，不請自來地打斷你正在做的事，並在晚上把我們戳醒。它們會把我們變成一個自己都覺得陌生的人。就像晚餐前在我們腳邊繞來繞去，剛學會走路的小孩，它們如影隨形，拒絕讓我們有個清靜，直到我們願意直接面對它們，要不做個決定，要不就是為它們指出一個正確方向為止——如果我們知道什麼是正確的方向就好了。

也許這就是你現在的處境。你想要好好專注在這個決定上，而且你也樂意這樣做。唯一的問題是，你不知道自己需要做些什麼，也許你也不認為自己有時間可以學。

說到做決定這件事，有可能你以前就已經聽過本書倚賴的這個建議了。這話並不新鮮，甚至不是特別有創意。就我個人而言，這是我曾經採納過、忘掉過，然後再次記起的建議。但它支撐我度過了年輕時為人母的歲月，陪伴我經歷悲傷困頓、猶豫不決、挫折沮喪、職業倦怠，以及屬靈上的困惑。德蕾莎修女（Mother Teresa）、馬丁・路德・金恩牧師（Reverend Martin Luther King Jr.）、老羅斯福總統（Theodore Roosevelt）和安・拉莫特（Anne Lamott）都曾引用過這個建議的一個版本，令它非常有名。它成了教練和運動員、會議室及公司激勵士氣的演說中經常出現的流行口號。所以，這個建議是什麼？去**做下一件對的事**。

也許《匿名戒酒者大全》（Big Book of Alcoholics Anonymous）中的這段話是這個概念的最知名表達：「我們真誠地祈禱事情會有理想的結果，祈禱每當我們茫然無措時都能得到指引，祈禱我們頭腦清醒，有力量做正確的事。」①

雖然我們可能不全都是酒精成癮者，但可以肯定地說，每當茫然無措時我們都需要指引、都需要力量去做對的事，在許多方面，我們也都對某種東西上癮。沒有什麼比一個還沒做的決定更能幫助我們擺脫我們的癮。

也許你對凡事都要清楚、確定上了癮，你希望在前進之前能夠完全掌握所有細節。也許你把別人的認可看得比什麼都重要，你希望在釐清自己的看法之前先尋求其他每個人的觀點，所以你缺乏自信，長期有猶豫不決的毛病。

也許你討厭做決定，所以你不是把決定交給別人、迴避做決定，就是為了擺脫它們而太快做決定。

也許你沉迷於各種活動、喧囂熱鬧的氣氛，沉迷於那種朋友滿天下的快節奏生活，所以當你需要做一個可能改變你未來生涯的決定時，你沒有空間來好好考慮什麼是最好的，更別說考慮你真正想要做什麼了。

據估計，一個成人每天需要做超過三萬五千個決定。康乃爾大學（Cornell University）的一項研究顯示，美國人每天光是在食物上就需要做超過兩百個決定。②在做這些決定時，許多時候我們連想都不想；我們其實沒有意識到我們的選擇。像現在你很可能就正要做一個決定。這三萬五千個決定甚至還沒有算進我們在失業、求婚、畢業、求醫、搬到另一個國家、升遷、吵架、懷孕或車禍時那些額外決定呢。每天我們都有選擇要做、有優先次序要排、有目標要達成、有願望要考慮。

去做下一件對的事是個很好的建議，但是一直到我開始在《四福音書》裡面注意到它時，我才完全理解它。耶穌在行使一個奇蹟後，通常他會立刻讓人去做一件簡單的事。

他告訴患了痲瘋病的人，不要把這事告訴任何人，「只要去把身體給祭司察看」（〈路加福音〉第五章第十四節，譯按：書中出現的所有聖經經節，如無特別標注，皆參考繁體中文和合本譯出）。

他告訴癱瘓的人，「我吩咐你，起來，拿你的褥子回家去吧」（第二十四節）。

對於睚魯和他的妻子，耶穌在讓他們的女兒從死裡復活後，當他們全部的注意力都放在他身上的時候，原本這時他可以讓他們發誓為他拋棄自己生命的但他卻沒有發表一篇要他們獻身的高論，或告訴他們他對活著的女兒有個什麼偉大計畫。相反地，他告訴他們給她東西吃（第八章第五十五節）。在讓他們的女兒從死裡復活後，耶穌在他們全神貫注時只告訴他們一件事：去做午飯。乍看之下，這似乎是浪費了聽眾們高度集中注意力的時刻。

耶穌沒有給他們一個人生計畫、一個清晰的異象，或是一張五年目標清單，他給了痲瘋病人、癱子、睚魯和他的妻子清晰的指示，關於他們下一步要做什麼，而且只有**下一步**。也許他對我們沉迷於把事情弄清楚這件事有所了解。他知道如果我們能夠設法從他嘴裡套出一個五年計畫，我們就會馬上拿著這個計畫高高興興地上路。

耶穌行了神蹟之後，清楚明白地告訴人，下一件對的事是什麼。但對我們來說它是什麼呢？讓我們從耶穌和康復的酗酒者那裡得到啟發吧，思考一下對我們而言**現在**去做下一件對的事意味著什麼。不是下一件了不起的事，也不是下一件令人印象深刻的事，就只是我們眼前要做的下一件對的事。所以你的下一件對的事是什麼呢？這是我關注的問題，也是我想要和你們一起探討的問題。

這是一本關於做決定的書，也是一本關於如何開創人生的書。可以做選擇是何等有幸的一件事啊。在我們生活的這個世界裡，許多人在某些領域裡是沒有做選擇的奢侈的，這本書假設你在生活中處在一個可以自己做選擇的位置。我們都對於自己生活的各個領域擁有不同程度的掌控，端視我們的年齡、人生階段、家庭生活，以及我們享有的不同程度特權而定，而這些特權來自於我們的種族、性別、經濟狀況等等。我邀請你在閱讀時回想一下你生活中擁有選擇的領域，無論這些領域有多小。敞開心，以張開的手把握住你的選擇，並從一個不同的角度來看待它們。

無論你能有多大程度的個人選擇，始終有一位與你同行、與你交談的神，祂在你裡面並透過你而行動，對你歌唱。祂在你裡面行動的方式可能不同於在我裡面。但有一點是肯定的，祂始終不變。正如與我亦師亦友的司傑恩（James Bryan Smith）親切地提醒我們的那樣，你是基督所喜悅並居住的人，你生活在上帝堅強而屹立不搖的國度中。決定很少是重點。重點是你會在上帝面前變得更加完整。

最後，我做了重新回學校的決定，即使我無法精確地說出為什麼。還在決定的階段時，我曾經和我的屬靈導師談過這件事，當時她說的一些話我一直沒有忘記。「我們西方人受到的思想訓練是所有事情都要有一個解釋。我們認為如果能夠理解一件事，那麼就能控制它」。

是真的，難道你不這樣想？我們被制約去相信，應該做一件事的唯一理由就是知道這樣做是為什麼，以及我們的方向和目的是什麼。如果我們沒有明確的答案或一定的把握，那麼冒然跨出一大步，樂觀地說是種風險，悲觀地說則是個平白無端的錯誤。

**如果我了解它，那麼我就能控制它。**

對我來說，我是這樣理解這個特殊決定的：我感到有種召喚，要在我的私人、職事和商業生活中，與耶穌和人們一起過一種更深刻的生活。我選擇了一條學位的路不是因為我覺得似乎缺少了什麼，而是因為我能夠，而且是終於能夠看見整體。而在過去這幾年，我心底全心全意的聲音一直告訴我的是，我想要在靈命塑造方面能有更多的學習，我想要成為更完整的自己，我想要和一群志同道合的人一起做這件事。

在寫作這本書時，我還有幾個月就要畢業了。那時我會是四十二歲。當我試著做出這個決定的那段期間，我關注的始終是這個決定本身，但我也注意到自己內心發生了某種變化。我覺得自己變得渴望關注、開放、有覺察力，並且準備好要傾聽。在每一個轉折點，我都渴望聽到從神而來的聲音。我們知道決定是重要的，因為每個決定都會帶來結果。決定塑造了我們的生活。但我們經常忽略的是我們的選擇不僅塑造了結果，也塑造了我們。它們揭露了我們的性格，也幫助我們打造了性格。

如果我們做決定的方式和做出的決定一樣重要呢？如果選擇是我們靈命塑造的主要途徑之一呢？未做的決定有一種力量，能夠將我們封閉在恐懼中，也能讓我們向愛敞開胸懷。這既是我們的猶豫不決所帶來的負擔，也是它所帶來的禮物。我們可以選擇要帶著哪一樣上路。

如果你採取行動的話，我希望接下來的這些章節會為你在你的靈魂以及行程表上創造出空間，好讓你可以記得你是誰、安住於何處，以及為什麼這是重要的。而回過頭來，你將學會說出在你心底那些尚未被命名的事物，並與神一起找出你的下一件對的事可能是什麼。無論你是否處於人生的重大轉變之中，或者你只是因為日常生活有時可能帶來的低層次焦慮而受苦，你始終都有或大或小的決定要做。只要人活著，就要做決定。跟你一樣，我也想做出好的決定。如果你正面臨一些事情，苦惱著不知道從何處著手，也許做下一件對的事會是個愉快的開始。

本著遵循這一建議的精神，本書的每一章都將以一段禱詞以及一個簡單的練習作為結束。一些練習將邀請你回答一個問題，然後進入某種沉思狀態。其他練習則更具體些，例如指示你列出某種清單，或是採取某個特定行動。這些練習不僅是為了幫助你找出下一件對的事是什麼，也是要幫助你看見，在你的猶豫不決中也有神的同在。如果你發現某些練習無法引導你更親近神，那就不要做這些練習。我們的目標不是要完成活動，我們的目標始終是與神合一。

## 禱告

噢神哪，我全然敞開。我所面臨的決定已經太多了。請與我同在，使我不感疲倦；賜我平安，使我不再猶疑不定。我有一個令我內心糾結的問題。祢願意將我從這糾結中釋放嗎？祢今天想讓我知道什麼？噢神哪，我全然敞開。

## 練習：專注

你正在思考要追求、開始、放棄、從事、結束或擁抱什麼事嗎？如果你看不到清晰的道路、事情的終局，或是一份長期計畫，那麼打起精神來。

你要極其溫柔地對待自己。

安靜下來。

停止說話。

停下對其他人意見的不斷質疑。

專注地在你的腦海中想著那件事情。

將注意力放在你的身體和你的靈魂裡一它是高揚還是低落呢？

第二章

# 成為一個靈魂的極簡主義者

極簡主義不是你不該擁有任何事物，而是任何事物都不該擁有你。——約書亞・貝克（Joshua Becker），《擁有越少，越幸福》（The More of Less）

在那些背負著未做決定的人們的腦海中，湧動著一團悄無聲息的混亂。當我有個決定要做時，從來沒有如此渴望得到建議、觀點及其他人的意見。當我必須選擇時，從來沒有如此意識到我需要神、需要希望及方向。我全然敞開、預備好自己，專注聆聽關於我接下來該做什麼的任何提示。

當我有個重要的決定要做時，我的習慣是去獲得更多的訊息，而不是相反。我對待我的日常決定及未來計畫，就像個蒐集意見、事實、觀點及清單的囤積者。但如果我像一個極簡主義者一樣地對待它們呢？如果我整理出一塊空間，讓自己的頭腦安靜下來，專注聆聽靜謐無聲中的低語呢？這樣做會帶來改變嗎？

當答案不清楚時，我們最想要的就是平靜、清明，以及得到通往正確方向的指引。問題是我們常常在錯誤的地方尋找方向。關於我們下一步決定的線索往往就在我們的內心，但沒有被聽見、被看見。當我們花些時間來追蹤這些線索時，可能會發現我們正緊緊抓住某些已經不再需要的事物，在需要放手時卻緊抓不放。

對於你尚未做的某個決定採取正確的下一步，而且今天就做，這難道不是一種解放嗎？如果你覺得這聽起來還不錯，我想幫助你這麼做。所以我們也許會從一個不太可能的地方開始，不是從製作清單，而是從清理障礙開始。

如果你正在考慮做一個決定，希望這本書能幫助你，我想讓你知道這正是我的目標。我不會忘記你拿起這本書的原因。當我寫作時，我會時時提醒自己牢牢記住這件事。我知道那些未做的決定所帶來的負荷，我想幫助你放下這塊心中的大石。基於這點，我會讓這些章節盡量簡短，並盡我所能地在你與神同行時與你同行。

通常，在你能夠向前邁進之前，必須練習去做眼前的下一件小事，就像在你開車之前先學會騎自行車一樣。這就是成為一個靈魂的極簡主義者的意義所在。如果在神的國度中有件事是我敢肯定的，那就是我們以為的大事往往都沒有什麼了不起，事實上，它不過是很多事情之一而已。我們帶著一個攸關人生的巨大決定前來，渴望得到答案與方向。但我們卻一無所獲，於是不停地繞著圈子，自說自話，覺得一切都變得如此停滯不前、沉重而艱難。我們禱告、尋求建議，卻依然沒有任何頭緒，找不到正確方向。

此時，我發現比任何清單、問題或智慧建議更有幫助的，只是固定找個時間，與耶穌一起在一個房間安靜下來，不是為了得到答案，而是為了愛。我無法保證你會輕鬆做出決定，但我可以說你會記得愛才是真正重要的事。當你有個重大決定要做時，需要盡可能得到所有的愛與支持。而我知道唯一確定可以找到愛與支持的地方，就是來到耶穌的面前。

我最近在網飛（Netflix）上看了一部紀錄片，片名《極簡主義：記錄生命中的重要事物》（Minimalism: A Documentary About the Important Things）。①片中，一名叫做科特妮・卡弗（Courtney Carver）的女性分享了她罹患多發性硬化症（Mutiple Sclerosis，簡稱MS）的生命故事。她和家人因為這個艱難的消息而陷入了恐懼之中，但她沒有試著讓自己輕鬆看待它，在那段時間，她的本能告訴她要更努力工作，好證明自己安然無恙。因此，在工作和運動雙重過度之下，她把自己操壞了。這讓她的身體倍感不適。她從了解多發性硬化症的人們那裡得到的建議是她必須開始聆聽身體的聲音。

「傾聽我的身體？」她產生了疑問。「我甚至沒辦法傾聽我的家人；我不知道怎樣去傾聽我的身體。」

無論這是個多了不起的建議，它一開始並未奏效。她不知道傾聽她的身體實際上的意思是什麼。但她繼續說明在她簡化自己的行程表和家庭生活的過程中，生活中的壓力也如何開始減輕了。這樣做讓她得到了聆聽自己身體所需的空間，並讓她與真正重要的事物更加和諧一致。她在那個紀錄片中的現身說法一直徘徊在我的腦海中。

我在想，如果我們每天努力聆聽我們的家人、周遭互動及喜愛的人們，以及我們所居住的身體（而且是從出生那天起就一直如此），那麼我們在傾聽靈魂層面，也就是那個我們完全看不見、只有在我們感到最安全的情況下才會顯露出自己的那個部分時，還會遇到困難嗎？這個世界是由一群破碎、不完全的人所運作的，而我們的靈魂經常在日常生活的層層壓抑下迷失自己。成為一個靈魂極簡主義者的想法，其實和成為一個真正的極簡主義者並沒有太大的區別。

當這個靈魂極簡主義的想法第一次躍入我的腦海中時，我正在一間健身房裡，聽著蒂許・奧森瑞德（Tsh Oxenreider）和約書亞・貝克（Joshua Becker）這兩位作者之間的一場播客（podcast）訪談。我追蹤、閱讀約書亞的部落格「成為極簡主義者」（Becoming Minimalist）已經有一段時間了，在這段訪談中，他和蒂許針對簡單、過多和足夠之間的差別進行了輕鬆的對談。我立刻就對約書亞關於如何成為一名極簡主義者的觀點產生了好感，他謹慎地承認，即便我們從來未能到達目的地，旅行的過程也十分重要。②

約書亞在對談的某個時刻指出，由於送禮、學校報告、工作計畫以及慶祝活動的各種裝飾需要，定期、季節性地，我們都會有物品進入到家中，但我們卻不常從家中清出物品。結果是房子裡堆滿了雜物。同樣地，我們的靈魂也經常只進不出。當我在聽這個訪談時，正在一間擁擠的健身房裡踩著跑步機，在我面前的不是一台電視，而是一字排開的八台電視。我可以同時收看新聞、遊戲競賽節目、籃球比賽和肥皂劇。

我前面的一個女人正快速地踩著一台飛輪，左邊有兩個男人正在用那些我從來不知道用來幹什麼的巨大橡皮圈健身，在我身後，我可以意識到玻璃另一邊的泳池裡的動靜。各種訊息從四面八方而來。就在這個高度刺激的外在世界中，我發現了我內在世界的一個祕密：訊息輸入是個自動的過程。所以輸出在哪裡呢？我如何定期讓我的靈魂擺脫掉我不再需要的雜物呢？

困難的談話、某人可能對我們投來的懷疑眼光、希望自己從來沒說出口的那些話——這些東西每天都在持續發生，而且一整天不間斷。輸出在哪裡？我們如何釋放這些東西？

生活在持續的極簡狀態是種不切實際。我們天生就是複雜的生物，由各種不同系統所構成：神經系統、循環系統、消化系統——更別提親密關係、情感、夢想、傷痛及渴望也形塑著我們。所有一切都是我們人類存在的一部分，其中沒有一件是簡單的。複雜性的地位不可否認。但當我們的靈魂被雜亂無章的東西填滿時，本該是複雜並令人敬畏的事物就變得過度複雜並令人筋疲力竭了。在約書亞・貝克關於極簡主義的談話中，我最喜歡的是他說，僅僅整理雜物（declutter）是不夠的；我們必須**斷捨離**（de-own）。

將這句話應用在家裡是個很強大的做法，但想想當你將它應用到你的靈魂會發生什麼事吧。成為一個靈魂極簡主義者的意思不是你什麼都不該留，而是什麼都不該留住你。

當我的靈魂感覺就像那間擁擠的健身房，有許多事情正在進行、匆忙且不斷地湧進大量訊息時，擁抱極簡主義的概念為我帶來了內在的平安。我不能斷言這樣做也能讓你得到同樣的結果，但我可以告訴你，對我而言，在我的靈魂中找到一點留白的最佳方式，就是安靜下來。

靜定之於我的靈魂，正如整理工作之於我的家。沉默及靜定是過濾我的心靈在一天中接收到的訊息的方式。沉默就像一個過濾器，幫助我分辨什麼是該留下，它讓不需要的東西輕輕滑落，為我騰出了得到勇氣及創造力的空間，使我能夠安靜下來聆聽神的聲音。

如果你不知該如何傾聽你的家人、你的身體，或靈魂，那麼好的第一步就是找出一小段時間沉默並靜定下來。我知道這有多難。作家兼牧師Ａ・Ｊ・斯沃博達（A. J. Swoboda）指出，在過去十年裡，我們已經從家家客廳有台電視變成人人口袋裡都裝了台電視。③我們都知道手機似乎想盡辦法要摧毀我們試著保持沉默靜定的一切努力。我不想多談手機如何重塑我們的大腦迴路，也不打算就科技的利弊得失長篇大論一番，但我想說的是：如果你心中有個未做決定的負擔，必須設法抗拒你的手機帶來的干擾，並騰出一些留白來填補那些夾縫中的時刻。

對我來說，似乎關掉所有通知訊息是個正確做法。也許你在好幾年前就這麼做了，如果是的話，你已經走在其他人前面了。你已經知道，雖然這只是一小步，卻也是個小小的宣告。宣告：

> 臉書，你沒有資格打斷我。
>
> IG，我沒有允許你隨時打擾我。
>
> 頭條新聞，我可以晚點再一次讀完你。我不需要在新聞出來的那一刻就知道。
>
> 手機，我不准你指揮我。我有正事要做，我有生活要過，我有決定要做。

這個心態上的轉變是對你的靈魂發出的具體邀請：**只要你感到安全，可以想出來就出來。當你出來時，我會關注你的。**對你的手機要絕不留情。通知訊息正在打斷我們的日子、注意力、專注，以及我們活在當下的能力。所以讓我們有目的地把它擺在一旁吧。

接下來呢？具體細節取決於你，但我會建議你積極地在生活的夾縫中留出一些空間，讓自己在這段時間中擺脫手機。也許是散散步，把手機留在家裡，或是將手機關機一整個早上。飛快移動的目光、不斷滑動的手指，以及我們心甘情願在小小閃亮的手機螢幕祭壇前獻上的大腦空間——只要能讓我們擺脫這一切，做什麼都好。

我們讓其他人的日程免費占據了我們富有創造力心靈的神聖空間，現在該是下逐客令的時候了。無論是形成想法、浮現問題，以及將希望編織進我們的未來異象中，還是要在我們心靈的靜謐處安靜等待決定的浮現，我們都需要這個空間。

**好的決定需要創造力，而創造力需要空間**。你需要這個空間來大聲說出在這世界看到的不公不義、知道你可以協助解決的問題，以及渴望傳遞的美。當然，生活中充滿了各種意料之中的干擾與令人分心的事物，我們的真實生活往往就是在這些地方發生的。但是我們可以控制某一類型的分心事物，那就是來自手機的通知訊息。如果你還想要一個更具體的科技禁食計畫，那麼作家安迪・柯羅奇（Andy Crouch）在他的書《科技智慧家庭》（The Tech-Wise Family）中遵循的規則是允許自己擁有一天一小時、一星期一天、一年一星期的無科技日。④

當你擁抱自己版本的「成為靈魂極簡主義者」時，我希望你會得到智慧，開始放棄那些你不再需要的事物，像是對未來的恐懼或是對過去的悔恨。我希望你會樂意面對內在的靜默，不再擔憂你可能會和不會聽到什麼。我希望你會樂意為自己的靈魂創造出一點喘息的空間，好讓你在愛中覺察下一件對的事。

當你繼續閱讀這個關於做決定的、屬於內心世界的簡單練習時，有兩個動作我們會在本書中不斷地反覆提到。首先是剛才談到的關於成為靈魂極簡主義者的概念——清除雜物、為沉默創造空間，讓你的靈魂知道它可以安全地出來，並騰出傾聽的空間。第二個動作我將在下一章介紹，那就是練習長時間保留一個空間，好讓我們可以給予那些還沒有名字的事物一個名字。讓我們一起做這個練習吧。

# 禱告

我們承認生活充滿了令人分心的事物，內心時常因持續不斷的活動而動搖。

我們已逐漸習慣忽視低層次焦慮，認為它只是積極生活的一個常態。

這也許很典型、很常見。但不要讓它成為常態。

我們不要試圖平息周遭的混亂與喧囂，而是要滿懷信心地歡呼，我們不需要努力尋找回到耶穌面前的光明大道，因為祢已經向我們指明了祢的道路。

因為祢的靈就住在我們裡面，所以無論如何我們總會有希望。

祢邀請我們進入每個時刻，讓我們在祢的愛中做下一件正確的事。

## 練習：留心沉默的空間

沉默的空間可能比你以為的還要容易獲得。請你開始留心在生活中那些自然出現的沉默空間——早晨的第一道曙光、當你提前抵達時你的辦公空間、散步到郵箱的那段路、你的室友下班回家前的公寓、開車前往賣場的那段車程。與其用聲音來填滿這些時間，或是被困在靈魂的雜物堆裡，反覆重播過去的談話或未來的可能性，你不如讓自己在沉默中安靜片刻，看看你的朋友耶穌是否有話要對你說。

第三章

# 為敘事取個名字

每當我們無法給事物一個正確的名字時，我們就會惹上麻煩。——榮・羅海瑟（Ronald Rolheiser），《靈魂的渴望》（The Holy Longing）

我拒絕接受一個女性機器人對我發號司施令。在文字和語音留言問世之前，我們有種特別的機器專門負責在我們不在時幫忙接聽電話。我們把這種機器叫做答錄機，而那就是它們的工作。大學時，室友和我有個答錄機，它會用全尺寸的卡式錄音帶錄下來電留言，所以如果你打電話到我們的宿舍，只要你覺得有需要，你就可以留下長達四小時的訊息。

有天我回到家後，按下播放鍵聆聽留言。第一個聲音是一個女性的機器人，她告訴我不要掛斷電話，因為這可能是我這一生最重要的一通電話。接著「她」說她的紀錄顯示我可能沒有健康保險。她答應我，只要我現在按下數字一鍵，就可以得到幫助，但由於他們得到了太多的回應，所以我要有稍候一段時間的心理準備。基本上她在告訴我的是，一個機器人打算改變我的人生，但我得有點耐心才行。

想當然，我沒有按下數字一鍵。就算我沒有保險，也不會按下那個鍵。就算我需要那個機器人提供的東西，也不會希望是用那種方式得到它，因為我對答錄機上的那個機器人毫無敬意——如果你認真思考這整件事，這基本上就是機器人在為機器人留言給人而已。當牽涉到買健康保險或是任何一種生意時，我們希望可以跟人交談，一個知道我們名字，或至少**有個**名字的真人。

名字很重要。我們在嬰兒一出生時就給他們取了名字，這是有理由的。除了命名這件事背後所有古老、靈性的歷史之外的另一個理由，就只是讓我們可以將你和其他人區分開來。名字是種識別你的方法，因此，當我們叫你的名字時，你會轉過頭來。當我們提到你時，即使你並不在場，光是說出你的名字，也能讓你在這個房間裡有種存在感。

我們在知道將有一對雙胞胎前，先為第一個女兒取了名字。我在孩子出生的好幾個月前就取好了她的名字。那是個很精緻、淑女的可愛名字。但是當我們知道我懷的是兩個女孩時，取第二個名字的壓力就變得很大了。想到女兒們在我的身體裡，四肢緊挨著我和彼此，一個有自己的名字，另一個卻沒有，我就感到難受。我們離開醫院，我浮腫的手裡緊握著一張閃亮的黑白超音波照片，當我們停在綠谷路（Green Valley Road）的紅綠燈前時，約翰和我選了第二個名字。我們立刻就知道這個名字再適合不過。現在我們的兩個女兒都擁有了美麗的名字，也以這種形式擁有了我們的愛，她們叫做愛娃・葛蕾斯（Ava Grace）和安娜・以斯帖（Anna Estelle）。

在我們見到她們之前就為她們取名字是一件很有力量的事。她們誕生在這個亂七八糟的世界上時可能一無所有，但至少這是她們屬於這裡的證明。耶穌喚了兩次馬大（Martha）的名，使她平靜下來。他將西門（Simon）的名字改為彼得（Peter），磐石之意。他在亞伯蘭（Abram）的名字中加了一個音節（ha），等於是將**上帝的稱呼雅威**（Yahweh）放進亞伯拉罕（Abraham）的名字裡。而在耶穌復活後，馬利亞將耶穌誤認為墓園園丁，直到耶穌說出她的名字才明白過來。他的注意力不是轉向政治、政策或程序規劃，而是轉向人們和他們的名字。

名字是有意義的；它們有其重量、重要性及親密性。知道一個人的名字就是對這個人有了一些認識。這個世界不是一個由大地與水所組成的無名、沒有臉孔的藍綠色團塊。這個世界是由人組成，他們有著豐富精彩的故事，充滿著錯綜複雜的情節對於激情、愛與冒險的渴望。認識人要從認識他們的名字開始。在《行在水面上》（Walking on Water）一書中，麥德琳・蘭歌（Madeleine L'Engle）說：「我們的名字是我們全人的一部分。被賦予名字是一種親密的行為，它的力量和任何愛的行為一樣強大。」①

如果命名能做到這一切——賦予我們生命並釋放新的成長——那麼反過來說是否也正確呢？允許事物維持一種未被命名及認知的狀態，是否會阻礙生命的發展？當涉及到人時，命名具有強大的力量。但它對其他事物也是如此。

也許你對正要做的某個決定感到十分為難的一個原因是，在你的內心深處仍然潛伏著某些尚未被命名的事物，你或許尚未認知到它們的存在，或者寧願忽視。有時候，猶豫不決是行程太忙或優柔寡斷的性格造成。有時候，則是因為我們心中仍有某件尚未被命名的事物，而我們就是缺乏足夠的訊息或自我認識來向前推進。

沒有名字，我們就無法將事物具體化。而恐懼最喜歡的莫過於不具體的事物。我們有個敵人，它喜愛用籠統的事物和模糊的焦慮感來蒙蔽我們的心靈。也難怪我們下不了決定。讓我們開始為命名創造空間，並進而打造一個可以在溫和漸進的認知過程中做出決定的空間。

二〇一四年七月二十六日，醫療傳教士南西・萊特博爾（Nancy Writebol）成了西非首批被診斷出感染了伊波拉（Ebola）病毒的美國人之一。我一直關注著對於她的故事的報導，幾個月後，當她康復時，我留意到她和她的丈夫正準備向媒體發表一篇聲明，我立刻留心起這件事情。

我曾讀到報導，說她最初並不知道那是伊波拉病毒，還以為「只是瘧疾而已。」（我想當你必須在伊波拉跟瘧疾之間做選擇時，在瘧疾前面加個「只是」也是合理的。）但是當他們一知道那是伊波拉時，她就不得不在住所進行隔離了。她很感激她的房間有扇窗子，這樣她的丈夫就可以站在窗外，與她隔著窗戶交談。

當萊特博爾出現在電視播出的新聞記者會時，首先發言的是南西的丈夫，他和人們分享了他對所有禱告及支持的感激之情。他臉上帶著愉快的表情，繼續講述當他的妻子生病時，他是如何讀〈腓立比書〉（Philippians）給她聽，以及他們如何深深地認同這些書信中的保羅。這也許不是他們計畫中的任務，但他們還是將它當成一項功課來完成了。

當輪到南西發言時，她分享了一些關於感恩、愛與感謝的談話。她滿懷同情地談到了她在西非的朋友，並要求觀眾持續為他們禱告。

我不認識萊特博爾夫婦本人，但我立刻就喜歡上了他們。他們看起來是可愛和藹的人。很快地，螢幕就分割為萊特博爾夫婦和有線電視新聞網（CNN）的評論員兩塊，而我觀察著這些評論員對這對夫婦的反應。

有線電視新聞網的醫療特派記者伊莉莎白・柯恩（Elizabeth Cohen）開始發言。「有意思的是，他們的敘述很容易成為一種創傷敘事。她受了很多苦，也說過很多次『我以為我會活不下去。』但這不是個創傷的敘事，而是喜樂的敘事。我們都能從中學到很多。」②

**這不是個創傷的敘事，而是喜樂的敘事。**當記者會結束時，這句話一直在我的腦海中徘徊不去。數年後的今天，它仍然餘音繚繞。如果你正在努力找出下一件對的事，也許那是因為你覺得自己卡在一段過渡、等待、悲傷期，甚至是某種創傷或失落期，而它還沒有名字。關於命名的力量，我認為那位記者對於萊特博爾一家的評論可以給我們很多的啟發。

他們的敘事顯然是對信仰的一個可愛注腳。這對夫婦站在全世界面前，謙卑、仁慈，並且滿懷希望地述說他們的經歷。他們堅持喜樂，我相信這正是當那位記者說他們的敘事是個「喜樂的敘事」時所要表達的。這對經歷了如此多苦難的夫婦能夠站在全世界面前，用這麼多的話來述說一件事：「這過程很艱難，但我們的神是善良的神，我們全然信託祂。」這是對上帝存在的何其美好見證。

這是他們的公開回應，這回應既好又恰當。但這只是**他們的回應**。當我們身處困難時期時，未必每個人都能像萊特博爾夫婦那樣回應，至少不是一開始就做得到。身為信任耶穌的人，有時看到有人正在經歷似乎難以勝任的苦難時，我們不知道該說什麼。我們不是給他們空間，讓他們為自己的敘事找出名字，而是催促他們給出一個讓我們覺得比較舒服的敘事。我們很容易幫人們的處境取名字，拒絕讓人們以他們需要的方式來悲傷，說些像是「神主掌一切。」「想開一點！」或是「神讓萬事互相效力，使人得益處。」之類的話。

這些話都沒有錯。但我們都走在活出這些真理的道路上。我們最好為其他人創造空間，讓他們能夠慢慢走進那個真理，在適當的時間為自己的故事取個名字。我們最好也能給自己同樣的空間。

當她說**他們的敘事是個喜樂的敘事**時，那位醫療特派記者捕抓到的正是那個敘事，而敘事就意味著一個故事。他們的故事是個關於信仰的美麗故事，但一個故事是有情節的。那個對媒體的聲明是這個故事的情節點。但是要有許多個情節點才能構成一個故事。

儘管這個故事的每一部分都可能有其絕望的一面，但故事情節仍然可以是一種希望。即使角色可能揮舞著拳頭、問著尖銳的問題並用盡全力嘶吼，但故事情節仍可能表達的是信仰。就算人們心碎了，但故事情節還是喜樂的。

我很感謝萊特博爾夫婦能夠在全國性電視台上分享他們真誠的故事，這故事確實是個喜樂的敘事。然而，我也希望記住，在每個敘事之中，幾乎總是一路伴隨著灰色的陰影。將這些陰影取個名字也很重要。這令它不僅僅是一個片刻，而是一個敘事的原因。這也令它不僅是個情節點，而是個故事的原因。這更是令它成為生活的原因。

我們往往不怎麼去思考述說我們的故事。只是讓時間自然地流逝，日復一日、年復一年。然後，當我們回顧過去時，才會發現故事已經改變了。我們今天的工作就是要花點時間，將注意力放在這個敘事上，並在神的面前打開它，允許神進到這個敘事中與你同在，有必要的話，允許祂進到這個敘事中，溫柔地對抗那些虛假的信念，並為你帶來與祂同在的平安。

如果你現在覺得自己被困在一個沒有希望的地方，我不想催促你趕快喜樂起來。也許你需要花一點時間讓黑暗做它該做的工作——讓它滋養、增強、支撐住你。黑暗可能邀請我們進入一個祕密的所在，一個我們不知道答案的地方。我們知道，種子需要被深埋在地裡，有時深埋很長、很長的一段時間。最終，這些種子將破土而出並向下扎根。但首先它們必須在黑暗中安頓下來。雖然如此，種子的裡面仍然埋藏一個希望的敘事。它不過是尚未活出那個完整的故事而已。

想一想，你在自己的故事裡處在什麼位置？你是在故事的開頭、中間，還是已經來到了尾聲？

如果你才剛開始，會害怕自己看起來像個傻瓜嗎？你會擔憂人們說的是對的，你天生就不是這塊料？這不是故事的全部。讓今天成為一個開始，而不是蓋棺論定。

也許你已經來到了故事的中間，你在前方和身後只看見了不斷向前延伸的灰心、失敗，或是單純的單調乏味。這也是個情節點。雖然它可能很漫長，卻不是故事情節的全部。即使故事的中間很平凡，它仍是重要的，也許中間的部分才是最重要的。

你可能已經來到了一個季節的末尾、一場奮鬥的結束，或面臨其他某種形式的告別。這是你想要的結局嗎？它是你希望得到的嗎？你感到失望？緊張？無動於衷？還是覺得鬆了口氣？

請你看看這一切，並給它們一個符合它們所是的名字。給那些沒有名字的事物取個名字，這樣做是有力量的。這是我們決策練習的一個重要部分，也是我們在愛中採取正確下一步的關鍵。記得，今天是一個情節點。誠實地看見它真正的模樣，但不要將這一刻當成了故事的全部。

最後要記住的一件事是：命名不等同於解釋。幾個月前，我因為背痛的原因而去給人按摩，治療師說，我疼痛的那一側並不是她發現到最緊繃的那一側。我立刻就開始質疑起來。「那是什麼意思？是不好的嗎？」

我想要得到答案，一個我的背部到底出了什麼問題的解釋，而我以為她也許已經有了答案。但她的回答給我上了重要的一刻。

「它不是壞事，」她說。「它只是個訊息而已。」

我希望她不只能察覺問題，還能做出診斷。但名字更像是一首歌，而不是一個定義。有時你需要的只是一首歌而已。其他時候，你會重複播放那首歌，讓它的旋律撫平你靈魂破碎的傷口。你可以花時間來為內在那些仍然無以名狀的事物——恐懼、孤獨、心碎、夢想，或悔恨——取個名字，忍住想要馬上解決問題的衝動。相反地，你給那個名字一點空間來浮現及成形，然後對它產生好奇。你將它帶到耶穌的面前，向他尋求方向與智慧。當與那些發生在表面下的事物有關時，請你讓自己成為一個訊息的蒐集者。給它一個名字，但不要強求定義它。

# 禱告

父啊，祢聽得到一切，即使是那些我們不敢說出來的事。

儘管我們經歷了各種醫治，但我們知道，在我們裡面仍有些傷口不被看見、無以名之。

請祢賜給我們勇氣，面對我們長期以來試圖忽視的事物。

將恩典的溫暖之光照進那些陰影，成為我們回應這些事物時所需的勇氣。

我們祈禱，祢以祢大能的手阻擋羞愧、恐懼與憤怒，向我們供應祢為父的慈愛。

當我們轉臉朝向祢時，願我們在祢的凝視中看見真實的自己。我們擁有的不是膽怯的靈，而是剛強、仁愛、謹守的心。

在我們向前邁步並在愛中做下一件正確的事時，願祢成為我們的平安。

提醒我們，我們在基督裡，乃是生活在喜樂的敘事中。

# 練習：為敘事取個名字

下面的問題可以幫助你讓那些尚未被命名的現實今天就浮出表面：

‧你是否有尚未釋懷的傷害？

‧你是否懷抱著某種悔恨，而它跟隨你如此久，讓你甚至‧以為那是正常的？

‧你是否一直阻止自己去探索某件能夠讓你感到興奮的事？

‧你是否懷抱著某個夢想，卻瞻前顧後、猶豫不決，遲遲‧不敢踏出第一步？

‧你是否有個孩子正要上幼稚園或上大學？

‧你或是你的配偶是否剛開始一個新的工作？

‧你的家族中是否有人最近被診斷出罹患了某種疾病？

‧你是否有個朋友正在慶祝他的成功，而你希望這個成功是屬於你的？

無論你的情節點是什麼，請為它們取個符合它們所是的名字—挫折、悲傷、恐懼、興奮、極度、欲望、筋疲力竭，或是希望。即使你害怕會聽到你不想聽到的話，請試著傾聽。放心，你永遠不會是孤獨一人。記得不要強求定義它們，將這些名字帶到耶穌面前，我們會在他的名裡找到希望。

第四章

# 校正我們對神的看法

永遠不要相信上帝有壞的一面。——魏樂德（Dallas Willard）。①

我們已經確定一件事：決定很困難，而我們希望能做出好的決定。我們已經為簡單的靈魂練習奠定了基礎：創造空間、擁抱沉默，認識到那些令你分心的事物，並開始為內在那些尚未命名的事物取個名字。

我寫這本書的第一個目標是要幫助你對已經做出的決定感到心安，並對那些造成你困擾的決定給予方向。我希望幫助你創造一些空間、命名你的敘事，以及在愛中做下一件對的事。但是在我們繼續前進之前，還需要來場巨大而尚未說出口的基礎性談話：我們對神的看法影響著生活的每一方面，包括我們的決定。

如果我問你，你對神的看法是什麼，你可能會列出一些關於神可愛、真實的一面。如果你問我同樣的問題，我會說神是我們的創造者，祂是慈愛、善良、有恩惠且強大的。我會說祂是聖潔而公義的，並且祂以我們為喜悅。我會提到祂既是神秘的，又是我們可知的。祂是我們的教師、牧者、朋友、君王，也是我們的救主。我會告訴你關於三一神的事，關於父的慈愛、子的憐憫，以及聖靈的同在。我會認真地告訴你這些，甚至可能會流淚。

但如果你仔細觀察我的生活，如果有一個縮小版的你可以爬進我的腦袋裡，透過我的眼睛看向外界，看見透過我篩選信仰後我所做出的選擇，你可能會讀到一個不同的故事。因為我們聲稱所信的與實際上所信的，兩者間幾乎總是存在著一道鴻溝。我們也不例外。

如果我們相信神在生我們的氣，就會因為擔心祂會抓狂而害怕做出錯誤的舉動。

如果我們相信神是遙不可及的，做決定時就會感到孤獨、不受束縛。

如果我們相信神是責罵孩子的家長，可能會把決定交給別人，這樣就能避免承擔後果。

如果我們相信神是懦弱無能的，就會以為也許我們可以操弄祂做我們想做的事。

如果我們相信神是漠不關心的，可能會覺得祂也許根本不在乎發生了什麼事。

如果我們相信神就像是嘉年華會上的賣藝人，向我們展示三個杯子，當以為祂在強迫我們猜測哪一個杯子藏著正確答案時，我們會感覺自己被欺騙或愚弄了。

我們相信神就像一個操偶人、慈祥的老祖父、虐待孩子的父母、沒有安全感的朋友、貪婪的國王、操縱孩子的母親，還是隻黃金獵犬？在我們的腦海中，祂是否在一與十之間隨意選了個數字，等著看我們猜得有多準？他是否站在房間的角落，雙臂交叉、眉毛上揚？當我們做了個錯誤的決定時，祂是否翻了翻白眼，轉過身去，或用力甩上門？

在上一章中，我們探討了為那些隱藏在內心的事物取個名字的重要性，這些事物與我們的生活，以及生活所訴說的故事有關。但除非我們也認真面對自己對於神的錯誤敘事，並讓祂告訴我們真相，否則就無法向前邁進一步。

魏樂德說我們的生活始終反映了信念；只是並不總是活出我們自稱相信的事物而已。我不期望這短短的一章能夠將我們關於上帝的所有虛假敘事都談清楚。但至少現在可以承認這些虛假敘事的存在。這些敘事將一直影響我們的決定。

我不能保證神如何向你說話，但我可以很有把握地告訴你，祂不會怎樣向你說話。

祂不會用羞辱你的方式來讓你表現得更好。

祂不會欺騙你。

祂不會戲弄你。

祂不會嘲笑你。

祂不會恐嚇你。

祂不會見死不救。

祂不會做你意料之中的事。

祂不會唬弄你。

祂不會翻翻白眼，不做任何努力就放棄你。

神是你的牧者；祂供應你的需要。祂邀請你躺臥在青草地上。祂領你在可安歇的水邊。祂使你的靈魂甦醒。祂為自己的名領你走義路。即使你行過死蔭的幽谷，你也不須害怕。祂會提供安慰。即使你的四周被敵人包圍，祂會為你擺設宴席並看顧你。祂用油膏了你的頭，使你的福杯滿溢。祂是善良的。祂是有愛心的。祂邀請你住在祂的殿中，直到永遠。（〈詩篇〉第二十三篇）

我念大學最後兩年，每天通勤上學，最害怕的就是找不到一個像樣的停車位。於是我試圖提早在上課前一小時到校，想要減輕瘋狂在校園中繞圈尋找停車位造成的挫敗感。令我非常高興的是，我發現了一個由作家伊麗莎白・艾略特（Elizabeth Elliot）主持的廣播節目，幫助我度過這段通勤的時間。那個節目的名稱是《通往喜樂之門》（Gateway to Joy），播出時間是每天早上的十一點十五分至三十分。數不清有多少個早晨，我在上課前坐在車裡，聽著她以這段開場白開始一天的節目：「你是被愛的，永恆的愛愛著你，永恆的臂膀支撐著你。」在我生命中的那段時間，她每天對上帝永恆之愛的保證是我鍾愛的咒語，是我真心相信、經常複誦的。

她在她的節目以及她的幾本書中引用的還有一首叫做〈做下一件事〉（Do the Next

Thing）的詩。由於我正在寫這本書，於是開始對這首詩的出處產生好奇。人們引用這首詩時總是稱它是「匿名」所寫，但稍微探究之後便可發現，這個詞句來自一八九七年出版的一本書，書名叫做《下一件事》（Ye Nexte Thynge），作者為艾莉諾・艾莫曼・蘇特芬（Eleanor Amerman Sutphen）。在這本書的頭幾頁中，她就完整引用了這首詩，並稱其作者為喬治・A・鮑爾（George A. Paull）夫人。而一百多年後的我們仍然持續受益於這個明智的建議。當你繼續背負著做決定的重負、當你在面對自己對於神的錯誤敘事時，請以鮑爾夫人的這首詩作為你的禱告。請想像神與你同行，祂向你發出一個善意的邀請，請你將做決定的沉重負擔交到祂的手上。

## 禱告

在暮色中，有人從海邊的一個古老英國牧師公館給我捎來了一個訊息；

我深深銘記著它那古老的薩克遜傳說，

似乎向我訴說著來自天堂的教導；

安靜的話語隨著時間流逝，發出沉靜低語，說：「去做下一件事。」

許許多多的質問、恐懼與疑慮，

在這裡得到了平靜。

時間、機會與指引，時時刻刻從天而降。

勿為明日憂慮，君王之子；

交託給耶穌：去做下一件事吧。

喔！祂要你逐日更自由，

知曉祂君尊的大能，

歡喜靜候祂的呼召，

在試煉中安然，

在一切中信靠。

世物變換，紛擾動盪，不能傍你身；

祂掌管未來：去做下一件事吧。

現在就在禱告中去做；

拋開一切顧慮，信實地去做；
敬謹虔誠地去做，追隨祂手前行，
祂懇切吩咐這手，務要在你面前指引。
倚靠全能者，在祂翼下安息，
拋下一切後果：去做下一件事。

定睛望耶穌，你就平和安詳，
工作也好，受苦也罷，你當安然自若！
在祂蔭下，在祂的平靜安息中，
在祂的面光中，活出你的詩篇；
因祂的信實而堅強，歌唱讚美祂。
然後，在祂的呼召中，去做下一件事。

——喬治・A・鮑爾夫人

## 練習：想像神

當你閉上眼睛，開始想像神時，首先看到的是什麼？

你看到一些顏色、形狀或輪廓嗎？你是否看見一張臉、一隻手，還是某人肩膀的輪廓？你的心中是否升起了什麼情緒？祂的臉上是什麼表情？你呢？花點時間想一想你對神的看法是什麼。然後閱讀〈詩篇〉第二十三篇，看看你的朋友耶穌今天是否有什麼話要對你說。

現在我們向前走，帶著讓我們的靈魂得以呼吸的空間，終於能夠給我們對生活與神的敘事一個名稱。我們已經準備好要開始做下一件對的事了。

第五章

# 尋找箭頭

有時候，當下的情況迫使我們比實際上更勇敢，因此我們鼓起勇氣敲門，尋求協助。有時候，對於目標是什麼毫無頭緒時，得到的結果卻比我們所能想像的還要好。

——安・派契特（Ann Patchett）《現在要怎樣？》（What Now?）

我們接受這樣的事實：要想專精於某樣東西，就需要練習。父母告訴我們，想要在彈鋼琴、打棒球、玩大富翁或做數學方面表現得更好，就必須多練習。這個世界就是這樣。那麼，當涉及到做決定時，為什麼我們會認為自然而然就**知道**該怎麼做呢？我們藉由做決定來學會做出更好的決定，思考無法幫上忙。做決定需要練習，不幸的是，不像跳舞或開車，我們沒有事先排練或模擬的機會。每個決定都像是上課第一天的期中考。根據我的經驗，最複雜的決定時刻會出現在三個領域：信仰、職業和人際關係。這些領域的事需要更多時間來考慮表面下發生的事情，這些決定的後果對我們的生活產生的影響也更大。這些決定也許會讓我們感到沉重，它們會持續提出我們始終沒有答案的問題。

神常常會在事情發生前讓我們模糊地看見它們的輪廓。它不是個完整的形狀，更像是一個陰影，沒有聚焦、模模糊糊。它不會告訴你事情該怎麼進行、錢從哪裡來，或其他確定的東西，但它總是帶來希望。而希望正是讓你在迷霧中繼續前行的動力。與其期待得到我們往往喜愛的那種黑白分明的答案，何不開始尋找指引方向的箭頭呢？

二〇一二年對我的家庭而言是特別的一年，我們的問題非但沒有得到答案，而且每個問題實際上似乎都產生了更多的問題。在那段時期，有一次我有幾本書要還給圖書館，但我必須走到圖書館內才能還書，因為外面的還書槽故障了。我本來不打算在那天借書的。但是當我走進圖書館時，由於書架的距離只有幾步之遙，所以我就花了一分鐘到我最喜歡的書區瀏覽架上的書籍。

一本小書的書名吸引了我的注意，也許因為它是以問句的形式呈現的——因為這個問題正是我一年多來經常問自己的一個問題。這本書的書名是《現在要怎樣？》作者是安・派契特。我從架上拿起這本書，並立刻從書衣折口上引用的這句話知道我該看看這本書：

《現在要怎樣？》並不僅僅是一個在驚慌失措下向著黑暗未知世界拋去的問題而已。《現在要怎樣？》這個問題也可以成爲我們的喜悅。它是對於可能性、承諾與機會的宣告。它承認我們的未來是開放的，承認我們也許可以表現得超出任何人對我們的期待，承認在發展的每個階段，我們都仍在努力成長。①

這本書是本袖珍型的書籍，短到可以一口氣讀完。它其實是安・派契特在莎拉勞倫斯學院（Sarah Lawrence College）畢業典禮演說的講稿。那天，只是這個標題就引起了我的共鳴，因為約翰和我正處在我們自己的「現在要怎樣？」時刻，他正準備要放下他在我們教堂工作了六年的職位（在這之前是總共為期十二年的青年事工），但是要去做什麼？嗯，我們並不真的知道答案。我們一直在尋找答案，但是得到的只是些箭頭，於是我們只好跟著箭頭走了。這是一個關於這些箭頭帶我們到了哪裡的故事。

第一個箭頭是悲傷的箭頭。這不是我最喜歡的故事開頭方式，但它就是這樣。在約翰的父親於二〇一一年夏天過世之後，我們都知道事情不會再像過去一樣了，有很多的原因，其中最主要的是悲傷對約翰造成了沉重的打擊。喪禮過後，約翰幾乎是立即回到了工作崗位，回到例行公事，回到他規律的行程表生活。但是他的靈魂卻在悲傷中徘徊，不久後，他的生活步調與他真實屬靈狀態之間的脫節就開始以恐慌、失眠及強烈恐懼的形式表現出來。那是二〇一一年的秋天。未被命名的敘事會以某種方式揭露自身。如果我們沒能利用自己的話語來給它們一個名字，它們就會透過我們的身體說話。作為一個年輕的牧師，他開始難以勝任這份高度關係性的工作要求，教會慷慨地給了他三個月的休假，讓他喘口氣，只要做一個普通人就好。在那三個月裡，他不看電子郵件，不跟學生面談，也不跟同事或學生的家長見面。他完全擺脫了工作的要求，甚至把智慧型手機也擺在一邊，換了一個摺疊型手機，只有少數人才知道那支手機的號碼。我知道這是個難能可貴的禮物。我們永遠感謝他服事的前教會允許他擁有這段喘息的時間。我將這部分的故事與你們分享，只是想讓你們知道，這不僅僅是關於辭職而已。這是關於活過來的故事。對我們而言，這是一個緩慢、深刻且意義深遠的轉變。

另一個箭頭是我們跟隨已久的，甚至早在他父親生病之前我們就跟隨著它，那就是渴望的箭頭。事實證明，對我丈夫而言，這個箭頭出人意料地困難。在從事多年的青年事工後，我們開始注意到工作中帶給他活力的部分（人際關係、小組門徒訓練、與學生們在靈裡的連結，教導深刻的生命理念），以及那些讓他疲憊不堪的部分（旅行、比賽、計畫、大型宣傳）。

我會試著談談我們的夢想，你知道的那類談話：如果你可以不顧慮收入或地點，想做什麼就做什麼，你會想做什麼？雖然我可以喋喋不休地談論搬到大城市居住，或一起寫一本書、和孩子們一起在國內旅行一整年，但約翰總是更猶豫不決。即使是在我們的假設性對話中，他也無法假裝冒一點風險。他的頭腦根本不允許他的心去做夢。

邏輯和限制經常是實現渴望的絆腳石，而渴望是我們成長的關鍵。重要的是能夠回答這個問題：你真正想要的是什麼？這可能令人害怕，但是只有當約翰和我開始在神面前誠實地探索這個問題的答案時，我們才開始對他的職業有了充滿希望的異象。但是它並非以我們期望的方式出現。

在放下工作的那幾個月裡，約翰前往科羅拉多泉市（Colorado Springs）參加一個靈性導引課程。這是我們很久前就計畫好的，當時我們並不知道參加課程時，約翰會剛好處在一個迫切需要一些清楚方向的狀況。我們希望他在那裡的時間能夠解答他對職業方向的一些疑惑。實際發生的事令我們兩人都感到驚訝。神在那段短短的時間遇見約翰，翻動了也喚醒了一些東西。這場覺醒並不是像燦爛的日出或綻放的花朵那樣到來。相反地，它像一場夏日風暴來襲：烏雲密布、空氣沉重、奔雷作響。我們在這裡學會渴望往往與靈魂深處的悲傷比鄰而居。當你觸及到悲傷時，你就喚醒了渴望。

回家後，身為丈夫及朋友的約翰比我過去認識的他更為清醒了。看著這個男人的覺醒，是我生命中最大的特權之一。它是有力而性感的，同時也充滿了希望與可能性。儘管面前的療癒之路仍是條漫漫長路，但他現在似乎變得更有目標了，不僅對他的工作，對他的家庭也是；不僅是對他自己，對我也是。

他希望改變過往的封閉作風，全身心地投入到丈夫及父親的角色中。回想起來，我記得自己曾經在他回來後的幾個月裡告訴人們，與其說是約翰改變了，不如說他現在變得更像完整的自己。

請記住，我們在這段時間一直尋求的是某些關於職業的清楚方向。但我們始終沒得到我們以為自己想要的，而是得到了我們真正需要的。我們一直在尋找好的下一步，以及他是否應該繼續現在身為青年牧師的工作，還是該轉換到其他工作的異象。但神給的卻是一個從約翰指向我，又從我指向約翰的箭頭。我們想知道的是該走哪條路，但神卻將我們展示給彼此。在我們的婚姻中，我們第一次為作為一對夫妻的共同渴望，培養一種尊重的好奇心，而唯一確定的是，我們應該朝著彼此前進。

這就是我需要的。決定很少是重點。連續幾個月，我們持續與彼此坦誠交談、在黑暗中禱告，我們持續向信任的導師與良友尋求建議。我會在後面的章節中分享更多關於這方面的細節，但是當箭頭最終指向結束的方向時，我們明白，儘管不知道接下來將會發生什麼，但該是離開青年事工繼續前進的時候了。

他辭職後的前半年時間都專心於休息、恢復及家庭生活。在那半年裡，我出版了《一百萬個小方法》（A Million Little Ways）這本書，所以時機很好。他在我工作、為這本書而旅行，以及展開下一本書的初步工作時，維持了家庭生活的規律。

我們開始在一個小型的教堂聚會。靜靜地熟悉一個新的社群，適應我們的新節奏，重新學著如何在週日早晨坐在一起聚會。如果你和一位牧師結婚了一段時間，就會知道這可真的是件大事。我們學會如何在一個我丈夫不在其中工作的教會相處。直到那六個月變成了將近一年，我們才真正對於約翰下半段的職業生涯及事奉有了清楚的指引。我們走過了一些艱難的日子，一些質疑自己到底所為何來的絕望日子。在這些日子裡，箭頭似乎沒有指向任何地方。但我們一直回到神的應許中，知道祂絕不會撇下我們。魏樂德在他的書《神聖的約定》（The Divine Conspiracy）中說：「你最重要的事情不是取得了什麼成就，而是成為什麼樣的人。」②

如果我們真的這麼認為，可能不會覺得決定是如此沉重。生命中艱難的「現在要怎樣」時刻會幫助我們了解到這些話背後的真理，那是快速的答案永遠不會給予我們的。那段等待與聆聽，不知道下一步該往哪裡走的時光，幫助我們磨練性格，使我們的伴侶關係更水乳交融，並且不再那麼害怕下一個「現在要怎樣」的時刻到來。

從我們生命中的那段時光至今已經將近七年了，現在回想起來，有些日子真的要把人逼瘋；我們只是想要清楚的答案，得到的卻只是些模糊不清的箭頭，這些箭頭指引我們透過悲傷去面對自己的渴望，並且最終去面對彼此。

從我今天安坐之處，看著約翰安靜地發揮自己的天賦，擔任一家當地非營利組織的主管，為牧師、夫婦及社區中的年輕人提供靈性關懷及訓練，這很容易讓人忘記那條帶領我們走到這裡的道路的不確定性。但如果我可以勇敢地說出自己的看法，我會說，職業對我們而言是其次的。是的，他希望覺得自己對社會有所貢獻。是的，他有家要養——我們兩人都是。但供養一個家庭並不僅僅意味著金錢的投入，而我知道事實上你也許能夠證明這點。你知道即使有足夠的錢，可能仍然感覺不到自己得到供養。因為養家也是提供支持、彼此溝通，養家也是轉向自己所愛的人，而不是遠離他們。養家是當一走了之比較容易時，你卻決定待下來。

如果你的靈魂裡正浮現著一個大大的問號，也許是與你的信仰、職業或人際關係有關，也許你下一件對的事是暫時停下瘋狂尋找答案的努力，看看你的周遭是否出現了箭頭。

聆聽你個人的渴望或是你們作為一個家庭或一對夫妻共同的渴望，別再害怕它。

笑吧，出去走走，制定一些計畫，但只要鬆散地照著走就好。一路寫下你的想法。當你開始擔憂時，不要把自己封閉起來。讓某個人進來和你坐在一起，別把他們推得遠遠的。

因為下一週，你也許需要為了你心愛的人敲開一扇門，你會希望記得當你在門另一邊時是什麼感覺。

當你瞥見未來的一絲雛形時，千萬記得別讓你的既定規劃扼殺了它。讓它有呼吸的空間，以健康的步伐成長。承認未來既令人喜悅，也令人感到恐懼。當你今天邁出正確的下一步時，要相信神不會讓你錯過你的未來。跟著箭頭走。

## 禱告

父啊，我們承認我們想要答案，這並不是錯。

但當我們緊握著自己的既定規劃不放時，我們會絆跌自己。

我們在尋找的是一個計畫，但祢卻向我們伸出祢的手。

願今日如此已經足夠。願在我們曾經迷茫的地方長出希望，在曾經恐懼的地方生出希望。當我們意識到未來時，使我們在這一刻為了所愛的人留在這裡。給我們一雙能夠看見箭頭的眼睛。幫助我們相信自己的心，就像我們信了祢一樣。

## 練習：如常生活

在《聽見神》（Hearing God）這本書中，魏樂德分享，當他向神詢問某件事時（以各種方式尋求方向或明確的答案），他會在禱告中簡單地說出來，然後就把接下來的時間拿去專心做「家事、園藝，開車出去辦事或付帳」，做這些事讓他一直保持忙碌，但他的心卻能持續敞開。③

今天的練習是和你的朋友耶穌直接分享你一直無法解決的問題，然後繼續如常生活。記住下面這些話可以幫助你做這個練習，也來自魏樂德：

我已經學會不要去擔心這樣做是否有用。我知道它不一定有用，但我確信，如果神真的希望我知道或是做某件事情，它就會有用。而這根本上是因為我確信祂是如此的偉大與良善。④

當你只是做下一件擺在你面前對的事情，如洗碗、發電子郵件、讀這本書、談話時，你不僅要注意發生在你外面的事情，還要注意到發生在你裡面的事。尋找箭頭，而不只是尋找答案。如果神有話要對你說，而你持續將自己擺在祂的面前，祂不會讓你錯過的。

第六章

# 當個初學者

我不是個經過認證的解經家，但我認為，為明日煩憂純屬浪費時間，因為我們唯一能為明日做的正確準備，就是今天做正確的事。——溫德爾・貝瑞（Wendell Berry），《我們唯一的世界》（Our Only World）

我大學四年級時，在地方上的一所高中找到了一份手語翻譯的全職工作。這是一件大事，因為我參加口譯員培訓的課程要求之一就是要完成至少一學期的實習工作。無論我是否得到報酬，都必須符合這個要求。我能夠完成最後一年學業、滿足實習要求，還能在實習期間賺到錢付我的房租，簡直是三贏！

雖然這是我的全職工作，但我仍是個學生，這意味著我有一個指導老師會不時過來評估我的表現。當她第一次出現時，我為她的到來感到自豪，並向她展示我的能力以及我在工作上的好表現。當那一天結束時，她將我的評估表交給我。她很親切，也很鼓勵我，我對自己感到十分自豪。她的評估分數也反映了這點，在她離開後，我匆匆掃過了整張評估表，跳過數字、打勾的框框及表面文章，因為我想知道她在表格下方寫的評語。當沒有表格指導她怎麼做時，她會說些什麼？她對我以及我的表現有什麼自己的想法？

迅速掃過她寫在那張紙底部的草寫字，我很高興看到她說了些好話，給了幾個具體建議，以及總體來說是正面的反饋。接著，她在最後用一句話做了一個總結：「對一個新手口譯員來說，表現得很好。」

好吧，我不知道「**新手**」的意思是什麼，但我幾乎等不及回到家去查一下字典了

（當時我們還沒有裝在口袋裡的電腦）。我想像它是「傑出」或「令人印象深刻」之類的意思。當我到家時，我已經說服自己，她認為我是個天才、救世主之類的人物，絕對遠遠領先我的時代。我不知道「新手」這個詞的意思？不要緊。我的指導老師認為我很傑出就好！這有什麼重要的呢！

當回到公寓時，我登入電腦，並在搜尋引擎輸入了「新手是什麼意思？」這幾個字。出來的答案令我的心頓時沉到谷底。它的意思是「剛接觸某個領域或某種情況的新人，或是沒有經驗的人」。

蠢斃了。她把我稱為**初學者**。這是最糟糕的評語了。

是的，這顯然不是最糟的評語——這是讚美。她在說的是：「對一個剛進入這個領域的人而言，她表現極佳！」但我卻將這類比成剛生完雙胞胎後，有人對我說：「剛生完兩個孩子的妳看起來好極了！」這句話的前半段令人抓狂。為什麼我就不能只是看起來好極了就好？為什麼我只有在生完雙胞胎的情況下才會看起來好極了？

身為一個嘗試找到自己的路並在這個領域建立自己認同的口譯新人，當個初學者是種沉重而無形的恥辱。我在當時還無法恰當地為它命名，但是恥辱就是它給我的感覺。為什麼我只有是個初學者時才表現良好？為什麼我不能就只是表現良好，沒有任何但書？我不喜歡被稱為初學者，雖然我當時就是個初學者。也許你也能體會這種心情。

一旦你花時間誠實地了解你的現狀，就會發現一件事：你是個初學者。沒有什麼比認識到這件事更傷害我們那了不起的自我了。所以對我們而言，對的下一步會是什麼？

我想在這裡提出一個區分，因為我認為這很重要，卻被忽略了。當我們談到新開始時，通常會用表示希望的話語和措辭，如春天、鮮花盛開、新戀情或新起頭來為這個概念設定框架。在艱難的日子，我們會用明天又是新的一天這個想法來激勵自己。喜悅會在早晨來到。在一月一日，我們說：「新年快樂！」復活節是希望、新生命和復活的終極象徵，哈利路亞！新開始總是受到人們歡迎。但是當個初學者？可就不是那麼一回事了。

我們希望環境能夠改變，重新開始，煥然一新。但是當環境改變時，卻往往不允許自己在**新環境**中當個新手，反而急著想要掌控一切。我們以為應該知道如何駕馭新事物，尤其當它是我們所渴望、禱告、等待、要求或計畫的東西時更是如此。

一個新開始！沒錯。但我，初學者？不，謝了。我不確定當個初學者的羞恥感是從哪裡來的。也許對你來說，這不是個問題。但我知道對我而言，即使這是事實如此，我還是不喜歡覺得自己是個初學者。

在過渡時期，當個初學者也是壓力的一部分。它也可能令人困惑，尤其當新的開始是個好的開始時，也許是你得到了一份新工作，或是開始就讀一所新學校。前面的路還很長！但你不了解這裡的情況、不知道該去哪個洗手間最好、不知道這裡做事情的規矩——或是你的電腦密碼。你聽不懂這裡的人講的笑話，也不知道人們在哪裡吃午餐。你覺得你不知道的事情簡直是無窮無盡。

如果你剛訂婚或剛懷孕，或者你是個新手繼父母，或只是搬進了一間新房子，你對你的新角色充滿感激，也許對於未來你感到十分興奮。但你有很多事情還不知道，也沒有一本指導手冊可以教你。也許你剛恢復單身或剛離婚。你可能最近進入了空巢期，或是剛喪偶。即使說這些事情很艱難，都仍過於輕描淡寫，是對你目前現實處境的一種侮辱了。

所有這些事情都是新的開始，有些帶來喜悅，有些令人心碎。但在這一切事情中，你都是個初學者。你從來沒有經歷過這些，你不曾和這些特殊的人，在你生命中的這個特殊時候，處在這樣一種特殊的處境裡。

所有的開始，無論它是什麼，都是由喜悅**與**心碎組成。當我們進入一個新的開始時，通常也經歷了某種結束，它帶著一層又一層的情緒，以及悲傷、過渡及釋懷的經驗而至。不要害怕當個初學者。好好善待自己。如果這是你的下一件對的事呢？

如果你發現自己正處在一個過渡期，無論它是你一直期待，還是與你的心願相違背，你在現在的處境中，就是個新手。不要害怕。讓自己當個初學者。現在對你來說，那看起來會是什麼樣子？

承認你在生活中的某些領域中就是個初學者，是你決策過程的一個重要部分，否則你會發現你是為了不要看起來好傻、好天真，或是為了保住面子而做決定。根據這些事情來做決定是很可怕的。也許今天，你的下一件對的事就是當你本能地想要說話時，保持沉默。也許它是問個問題，而不是不懂裝懂。也許你可以等到擁有更多的訊息再行動，可以在感覺有風險時堅持前進，或者可以說出令你不自在的那句話：「我不知道。」

無論你的下一步到底是什麼，首先就是接受你是個初學者的角色。這是個值得尊敬與體驗的位置。看看你是否能夠找到方法，接觸到仍存在你內心深處的那個孩子。儘管我們的身體會老化，但我們的靈魂在許多方面都仍保持年輕——它始終都尋求被愛、安全，以及受到喜愛。孩子們沒有變成專家，他們可以自由地對一切好奇。孩子們能夠坐下來，讓其他人知道一些事並產生改變。孩子們能夠觀察、觀看、犯錯，並學會新的事物。你在基督裡，你的渺小並不是個負債。你的渺小是個恩賜。

要記得，耶穌不僅是你的王、你的朋友、你的救主、你的牧人。他也是世界上有史以來最聰明的人。你也許不知道如何駕馭這個新的開始，但他知道。有耶穌在你的身邊，你就擁有所需要的一切。

擁抱當個初學者的特別時刻。讓它教你什麼是正確的、什麼是該說的，以及如何思考。有一天，這個新開始將不再是新的，你可能不再覺得像現在一樣需要它了。所以讓這個新角色教你它可以教你的東西。讓它將你塑造成為耶穌的模樣。讓你自己當個初學者，接受新開始要給予你的所有禮物吧。

## 禱告

喔，神啊！

我們承認，我們渴望成為房間裡最聰明的人。

請向我們揭露隱藏在表面下的最真實恐懼。

我們害怕得不到答案。

我們害怕看起來像個傻瓜。

我們害怕當個初學者。

當我們從那道由我們名譽、地位、能力築起的搖搖欲墜高牆跌落時，我們相信祢是我們疲憊的腳能夠倚靠的堅實土地。

當面對那些對我們發出最尖銳質疑的人時，請提醒我們祢是如何站在我們的前後與身旁，並住在我們的裡面。

當我們在其他地方尋找勇氣時，請提醒我們轉向祢。

祢擁有我們需要的所有進取心與膽識。

我們接受自己在祢面前的渺小。

請以笑聲取代我們的恥辱，愛取代懷疑。

教導我們如何在喜樂中重新開始。

## 練習：說「我（還）不知道」

留意生活中你還是個初學者的那些領域。它們也許是明顯的，就是本章中所列出的一些情況，或者也許更難以察覺。以下是一些可能的情況：

- 你有個正在你眼前慢慢蛻變為青少年的孩子，但你之前從未有過這種經驗。
- 你的皮膚、頭髮或消化系統正在發生變化，而你照顧自己的方式也需要改變了。
- 你做了很多年的工作剛更新到一種新的技術，而你還不知道要如何使用這種技術。
- 你和你的配偶開始嘗試更健康的飲食方式，但很快地他的體重就下降了很多，而你的體重卻毫無變化，你內心對此有些感覺。

所有這些都是你要駕馭的新開始。當你發現不知道的事情時，無論是接下來要說什麼、要先買什麼、如何登入帳號，還是為何你會充滿情緒，請提醒自己注意。承認你不知道答案，無論是向其他人還是私底下向耶穌承認。歡迎他進入這些你當個初學者的時刻，他想要與你同行。

# Part 2

# 問自己
## ——知道自己更想要什麼

裝備自己的同時，你也可以問「關於自己」一堆問題，而所有的問題，都是為了能夠讓你更了解自己的需要是什麼，同時所有的問題也讓你能夠更清楚自己的生命能量。

第七章

# 在做每個困難的決定前，問這個問題

看似烏雲正為一場暴風雨而聚集，但我能安睡，因為有神的陪伴已經足夠。做決定並不是件那麼痛苦的事——因為我知道，儘管曙光緩慢而至，但需要時總會到來。

——簡・約翰遜（Jan Johnson），《當靈魂傾聽時》（When the Soul Listens）

一九八九年九月下旬，颶風「雨果」（Hugo）猛烈襲擊美國南卡羅萊納州海岸，暴風雨止息時共造成了一百七十多億美元的損失。當時我剛升上七年級，我們才從愛荷華密西西比河附近的家搬到南卡羅萊納州約半年。身為一個中西部女孩，我了解黑色漏斗狀雲與龍捲風在平原上呼嘯狂奔的世界，但是在海洋上形成的風暴規模與影響範圍仍超出了我當時的理解能力。在颶風登陸前的那幾天，我研究了晚間新聞中的天氣圖，反覆問我的父母：「你們確定我們不需要離開這個州嗎？留在這裡似乎是個壞主意。」這是我有生以來第一次看見我們的地區天氣圖上出現了海岸線，而且即使我們住在一百英里外的內陸地區，那還是我們住過離海洋最近的地方。我母親一直保證，沿海地區的人都會到哥倫比亞來避難。我們的城市是個避難鎮，疏散路線通往之處。這給當時的我帶來了小小的安慰，但現在回想起來，我當然知道我母親是對的。

我們無法改變或控制天氣，唯一能做的只是盡量避免它的影響。這是我們在暴風雨中合適的自處之道：尋找避難所，等待暴風雨平息。但即使天空晴朗，毫無下雨跡象，我們還是可能生活在暴風雨來襲的恐懼中。當除了沉重的想法或夜裡反覆出現的念頭之外，並沒有什麼好躲避時，我們也可能尋找掩蔽。尤其當我們有個困難的決定要做時，更往往如此。

有時我們會因為想要避免不樂見的結果而害怕前進。這時候，我們的生活會因躲避孤獨、失敗、孤立或無人看見的潛在風暴而改變樣貌。如果我們不躲避的話，可能會被徹底擊潰。以下是我的經歷，以及我學會在做出每個困難的決定前先問自己的一個問題。

當我們的孩子還小時，我經常生活在恐懼中。我害怕他們生病而且無法好起來。我害怕會因為生病而無法照顧他們。包括我們住在哪裡、如何教育孩子，或是我和約翰是否應該接受一份工作，凡此種種，我都害怕做出錯誤的決定。

當我的第一本書面世、演講機會開始不斷湧現時，我答應的次數比我真正想要的還多，因為我害怕錯過了什麼。我也因為害怕無法完成工作而拒絕過幾次機會。恐懼的影響是雙向的，它會讓你不去做你可能想做的事，也會讓你相信必須去做不想做的事。

但是有一個決定我尤其難忘，它在二〇一一年冬天通過電子郵寄而來。那封電子郵件邀請我以作家的身分和國際希望會（Compassion International）一起造訪菲律賓，看看希望會在那裡為兒童所做的工作。當這封邀請函出現在我的收件匣時，當然，我的第一個反應是丟到一旁，接著第二件事情則是開始在地圖上找出菲律賓的位置，儘管我超級確定它就位在海地的海岸旁。

我跟你保證，它不是。

我希望可以告訴你，我馬上抓住了這個機會，去看看希望會在這個第三世界國家的工作。我也希望可以告訴你，我的猶豫不決是因為我所處的生命階段，當時我三個孩子都還在讀小學。我希望可以告訴你，是因為我的工作安排的關係；事實上，我當時正同時在寫兩本書，而不是一本，因為我瘋了。我還希望可以告訴你，我沒答應是因為我出門的那段時間正好是我丈夫一年中工作最忙的時候。當然，對於到一個第三世界國家旅行去親眼見證我一生從沒見過的那種貧窮，我也感到猶豫。不只是那樣，而且約翰的父親當時也正在生病，我們不確定當我出發去旅行時他的病況如何。

所有這些事都是真的，它們也是很好的拒絕理由。但它們並不是我躊躇不前的主要原因。歸根究柢，我想對這趟菲律賓之旅說不的理由其實有兩個部分，而我非常羞於承認它們。

第一，我害怕搭飛機。

我在美國本土飛行一般來說並不會困擾我。我甚至飛過西班牙。但這趟旅程不同。我需要搭好幾班飛機才能從美國東岸飛到這個東南亞的小小群島，嗯，那可是要搭很多飛機啊，我跟你說。

這是第一個理由。

第二個理由是這個：我害怕會病倒異鄉。

讓我跟你們這些不怕生病的人好好說明一下。一般來說，在我當時的生活中，生病已經是我心裡始終存在的恐懼了。但是在外國生病？那簡直就像是生病恐懼的最高級了。如果對生病的恐懼是個演員，那麼在**異國他鄉**生病可以贏得所有奧斯卡大獎。病倒異鄉感覺起來就像是可能發生的最糟的事。

我反覆思考這個決定。有天我在我心裡假裝說不，結果感覺不是很好。接著我又假裝說好，結果感覺也不是很好。於是我在兩種選項間來來回回、拉拉扯扯，怎樣都無法下決定。在兩個禮拜的禱告、討論、尋求建議，以及種種總體而言十分荒謬的過程後，我終於和我們的領隊蕭恩・葛羅夫斯（Shaun Groves）有了一次開誠布公的談話。他那天在電話裡向我說了些我永遠難忘的話，這也是我現在做每一個艱難的決定前一定會問自己的問題。

「可能有很多理由讓妳對這趟旅行說不。」他說，「但是，請不要讓恐懼成為其中之一。」

這段話在那一刻向我揭露了真相。我並沒有充分意識到，我正在根據一場想像中的暴風雨來做出這個決定。為了避免不想要的後果，我讓恐懼操控了我。一旦我命名了恐懼，它就失去了大部分力量，因此我找到了答應需要的勇氣。

這個決定的重點是一直到我做出承諾之後，才覺得對它很有把握。我想潛意識裡，我一直在等待一種平靜、清晰感，然後才要做決定，但這種感覺從未出現，在決定前沒有。我是直到做出決定後，才終於覺得對它有信心。這個決定讓我十分糾結，在答應與拒絕之間反覆不定。直到我終於找到了猶豫不決的根源之後，才有辦法前進——而在這個情況下，猶豫不決的根源是恐懼，就這麼簡單明瞭。最後，找到恐懼的名字幫助我邁出了正確的下一步，我也才能答應這個邀約並向前邁進。

當涉及艱難的決定時，我不會再等兩個禮拜才問這個問題。我會在一出現猶豫不決的跡象時就問。

**是愛在帶領我，還是恐懼在推著我走？**這個問題的答案並不總是清楚，但是當我進入到每個艱難的決定時，都會持續帶著這個問題。

經歷某件艱難的事是一回事——例如在國外生病並活著回來講述這故事。將那個時刻標示出來是適當的，承認這件事很艱難，但我們勝過它了。那也許是這個故事的黑暗部分，但不是故事的全部。

而在我們腦袋裡創造一場風暴，然後根據一個甚至還沒發生的可能情況做出決定，則完全是另一回事。那就像是在故事還沒開始前就將它命名為註定失敗一樣。我們無法避免暴風雨來襲，但可以決定不要自己製造暴風雨。

## 禱告

時空或重力無法束縛祢，祢走在我們面前，進入未知的未來。

祢向我們走來，眼裡充滿愛意。

當我們發現自己身處於不確定中，祢站在我們身邊。

在沉默與喜悅中，祢坐在我們身旁。

保護我們的心不受遺憾折磨，祢在我們的身後守望。

祢住在我們裡面，從一個安靜的地方帶領我們。

當祢對我們說出溫柔的話語時，我們不會充耳不聞。

當祢輕觸我們，為我們指引方向，我們就輕鬆自如地行動。

當祢向我們宣告祢對我們的愛時，我們不會害羞地轉過。

當祢送給我們好禮物時，我們感激地接過。

當祢推遲我們尋求的答案時，我們懷著希望等候。

我們拒絕聽從衝動，莽撞行事，也不因恐懼而停步不前。

讓我們以自在的步伐與祢同行，一起一步一步向前邁進。

幫助我們知道被恐懼催促與被愛帶領的區別。

## 練習：問自己這個問題

如果你面臨著一個生命中的重大決定，也許你的下一件對的事是問自己這個問題：是恐懼在推著我，還是愛在帶領我做這個決定？問題的答案可能會帶來你所需要的洞察力，邁向你正確的下一步。用蕭恩・葛羅夫斯的話說，行動或不行動都可能有很多好理由，但是請不要讓恐懼成為其中之一。

第八章

# 知道自己更想要什麼

看來我們的主發現我們的渴望不是太強，而是太弱了。我們是三心二意的生物，當祂要給我們無限的喜樂時，我們卻在酒精、性和野心追逐中浪費時間，像個無知的孩子，只想繼續在貧民窟裡玩他的泥巴餅，因為他無法想像去海邊渡假是什麼意思。我們實在太容易滿意了。——C・S・路易斯（C. S. Lewis），《極重無比的榮耀》（The Weight of Glory）

當我知道他們不再播我最喜歡的節目之一《廚師生活》（A Chef's Life）的那天，我傷心個半死。但你還是可以找到這個令人愉快的紀錄片風格節目的重播，它跟拍出身北卡羅萊納州東部的獲獎廚師薇薇安・霍華德（Vivian Howard）的生活與工作。

在艾維特兄弟（Avett Brothers）演唱的開場主題曲以及如詩如畫的北卡羅萊納風景照映下，它一下子就成了陪伴我們度過三十分鐘週末夜晚的最喜愛節目之一。我們看著薇薇安在節目中以融合家庭、食物及說故事的方式向南方的人們、傳統及美食致上敬意。

隨著《廚師生活》越來越走紅，她也得到越來越多的主廚機會。我們看到在每一季中她不得不應付越來越多餐飲、旅行、露面及特別活動的要求。到了最後一季，她甚至無法在不被粉絲攔下拍照的情況下穿過自己餐廳的用餐空間。似乎她最想要的東西——當個廚師——也成了開始將她從自己餐廳帶走的東西。

薇薇安有英語學位，她也一直想要成為一名美食作家。當她得到寫作她的第一本烹飪書的合約時，不得不面對一個現實，那就是是時候將她在餐廳的許多工作放下給別人了，因為她當時更想要做的事情是寫那本書。

知道自己想要什麼很重要，但是知道自己更想要什麼幫助她邁出正確的下一步。但是她在做決定的過程中並非沒有經過波折。因為，是的，她的丈夫也是她事業夥伴，他們共同育有一對年幼的雙胞胎，她一直努力駕馭並平衡所有這些事。她將她的掙扎攤出來，誠實地告訴人們這一切有多難，並公開坦承這不是什麼光鮮燦爛的生活。她的烹飪書終於在二〇一六年秋天問世，登上紐約時報的暢銷書排行榜，這當然為她帶來了更多的關注和機會。今天的她不只是個擁有幾間熱門餐廳的獲獎廚師，還是個暢銷書作家了。

雖然我喜歡窺探她的廚房幕後，喜歡她食物的美麗擺盤、她對鄰居所做的那些簡潔有力的採訪，但對我而言，這個節目最吸引人的地方是看著薇薇安持續面臨這樣一個問題：在當時以及當下的情況中，到底她真正想要的是什麼？雖然節目的對話中並沒有明確地談到這件事，但是在整個節目播放期間，她似乎真的因為思考自己真正想要什麼的問題而感到十分糾結。她對於優先性排序的內心掙扎幾乎就像是節目中的一個隱形角色。儘管這在某程度上令人欽佩及感到興奮，但是對一個人來說，它也是很大的壓力。

我明白這些都是很了不得的、極有榮幸才能得到的機會——**我該當個獲獎廚師，還是當個暢銷作家呢?!**

我知道。但它仍是個絕佳的公開例子，可以說明知道自己更想要什麼的重要性，因為我們如何回答這個關於渴望的問題，決定了什麼會是我們正確的下一步。

別搞錯了——拒絕你的渴望也是個答案，那也會決定你的下一步。即使你不花時間承認自己最渴望什麼，還是必須做出決定。但你不是有自我意識的情況下向前邁進，你會根據像是期望、習慣，或其他某種外在壓力之類的外在東西而做出決定。

也許你有個重要的決定要做，也許甚至是你寧可不要做決定的事情。也許你被迫要做出這個決定，它是個嚴肅的決定，而且有時效性。也許你認為思考自己真正想要什麼對某些人而言是種美好的奢侈，但是對於所有關於渴望的事，你必須保持謹慎。

聖經上對於渴望有什麼說法呢？

讀四福音書時，我學到要密切注意耶穌，尤其是他的所言所行，但也許更重要的是，也要關注他**沒有說和沒有做的**。聖經為我們記錄了神在基督這個人身上的行動。我們不必去揣想如果神是人，他會怎麼做。他是一個人，這就是他所做的。因此，當我們進入〈馬可福音〉第十章，一個名叫巴底買（Bartimaeus）的人生命中的關鍵時刻時，我們應密切注意耶穌。

我們是在出耶利哥城的路上遇到巴底買的。他是個討飯的盲人，已經沒有其他希望。耶穌和他的門徒離開耶利哥城，一大群人跟隨著他。這點不能忽略。細細地想像一下，你和一群人在外面行走。有交談、有大量塵土，有當人們一起從一個地方移動到另一個地方時總會出現的那種混亂與活動。當耶穌從嘈雜的街道經過時，巴底買拚命呼喊，「大衛的子孫耶穌啊，可憐我吧。」（〈馬可福音〉第十章第四十七節）

巴底買是剛好出現在耶利哥城路邊的嗎？那是他經常討飯的地方嗎？他的駝背和破舊斗篷是常走這條路的人經常看見的景象嗎？還是巴底買知道耶穌會從那條路離開城市，所以他必須這樣做呢？他聽人們說過關於這個人的故事嗎，說他是大衛的子孫，瑪利亞和約瑟的兒子，神的兒子？

巴底買看不見，所以無法從遠處觀看耶穌，一定需要精心安排才能抓準時機呼喊出聲。他一定是靠著四周群眾的竊竊私語，特別留意某些重點，抓住對其他人而言只是從耳邊經過的談話，並抱著最大的希望。

他朝著他的上空呼喊，希望聲音能夠從群眾的頭上傳出去，穿過塵土，落在神的心中。這呼喊聲讓他周遭的人覺得反感、無禮。他們想讓他安靜下來，希望他因為自己大聲呼喊並做出這樣脆弱的請求感到羞愧。但是就在他們這樣做時，群眾的動作出現了某種變化。

因為耶穌站住了。

群眾別無選擇只能跟著他停住腳步，他們無疑會東張西望，想知道為什麼。耶穌聽見了這個路邊盲人的呼喊，在移動的群眾製造出的各種活躍動態中那個低沉的呼喊聲。原本的行動布道團因為耶穌的耳朵聽到了一個路邊盲人的聲音，突然間整個停了下來。

當他聽到那個呼喊聲時，他告訴人們去叫巴底買到他身邊來，眾人馬上就從噓聲轉成了迎接的姿態，催促巴底買站起來，因為耶穌在叫他。和耶穌一起旅行的門徒很可能以為那天的目的就是要從一個地方移到另一個地方而已。在那一刻，就像神向來做事的方式，他讓路邊成了舞台的中心。他讓別人以為是注腳的東西變成了頭條，他在這個顛倒的神國中繞道路邊。人們在耶穌和這盲人身旁圍成一個小圈子，他現在站著，斗篷丟在一旁，站在上帝面前。

請留意在這次相遇中，耶穌沒有做什麼。

他沒有給巴底馬一節經文，為他上個課，或說個教。他沒有責罵他、羞辱他，或是朝著他的方向搖搖他神聖的指頭。他沒有跟群眾說話，舉個例子，說個感人肺腑的故事，或是大聲禱告。他反而問盲人巴底買一個問題：**你要我為你做什麼？**

在《聖韻靈律》中，作者路得芭彤（Ruth Haley Barton）說了這段話：「耶穌經常問人們一些問題，幫助他們認識自己的渴望，並在面前說出來……他往往問那些靈裡飢渴的人：『你想要什麼？你要我為你做什麼？』透過這些問題使他和他們的互動變得聚焦而清晰起來。」①

也請留意當耶穌問這盲人那個問題時，巴底買沒有做什麼。他沒有認為耶穌的問題不禮貌而不予理會。他沒有轉開話題，說，「不要吧，耶穌，我們別談我要什麼。**你**認為我應該要什麼呢？」他沒有指著群眾裡的人說，「哎，別放心上了。他們的需要比我大得多。」

耶穌問了個簡單的問題，巴底買站在那裡，他以他所有的脆弱、貧窮以及滿臉的渴望給出了一個直截了當的答案：「我要能看見。」（第五十一節）

而那正是後來發生的事。

我們注意到耶穌沒有做的，但也應該留意耶穌沒有問的。他沒有問巴底買，「你在想什麼？你相信什麼？**你認為我要你做什麼？**」耶穌問的是，**你要我為你做什麼？**這是個關於渴望的問題。當巴底買回答時，耶穌告訴他，他的信救了他。我們只知道巴底買是個盲人，他向耶穌呼喊，並回答了耶穌問他的所有問題。耶穌稱這是個信的行為。我想知道這對我們來說是否也是如此？我想知道如果我們在耶穌面前說出渴望，這是否真是一種信的行為？

承認自己要什麼時，重要的是要注意，我們常不得不根據至少表面上看來似乎與我們的渴望相違背的事情而做出決定，不是根據財務狀況、家庭義務，就是其他重要的責任。但如果我們仔細觀察，這些事物的基礎可能也是以你的渴望為基礎。

你可能繼續從事一份工作，不是因為你必須要做，而是因為最深的渴望是供養家人，而那是你真正想要的。在最基本的層次上，這仍是個渴望的問題。你想要養家餬口，所以你選擇繼續上班，即使那對你而言很艱難。當你開始想要誠實面對自己的渴望時，也許在這裡要記住的最重要一件事情是：即便你沒有得到自己想要的，知道自己想要什麼仍可以是個了不起的禮物。

巴底買沒有說，「我必須恢復視力，否則就如何如何。」他只是說出自己的渴望，把下一步交給耶穌。當我們要求渴望必須按照我們設定的條件和時間得到滿足時，渴望才會造成傷害。知道自己想要什麼和得到所想要的不一定是同一回事。

當涉及到做決定時，根據我的經驗，決定浮上檯面之前才是決定你想要什麼的最佳時機。次佳時機則是當你必須做一個決定，但你還未做出選擇之前。第三個最佳時機則是在你做了決定後，當你意識到這決定不是基於你最深的渴望，而是期望、習慣、壓力，或其他一些與你想要的東西無關的原因時。在我一生學到最難忘的教訓中，有些是在我答應不是我一開始真正渴望的事物後才學到的。但不可否認，這是個痛苦的學習方式。

本質上來說，知道自己想要什麼在決定過程的所有階段都是可貴的，無論是決定前、決定中，或是決定之後。可悲的是，許多人終其一生都不知道自己在決定前、之中，**或是**之後想要什麼。結果，我們生活得就像是真實自我的一個影子，無法充分認識到我們是誰，因此回過頭來，也就無法充分認識到在我們裡面的神是誰。

我們是否得到自己想要的東西不是重點。巴底買說出他的渴望時並不知道事情在他身上會如何發展。耶穌問他想要什麼時也並未承諾要實現它。耶穌的在場給了巴底買什麼訊息，讓他有信心能在所有人面前說出他的渴望呢？在耶穌的聲音、他的說話方式、他緩慢的專注中，存在著什麼樣的仁慈？巴底買看不見耶穌的臉，當他與耶穌相遇時，他不得不仰賴其他的感官。我們也是。

你必須尊重你的本性以及對自我形象的認同，直到你能誠實地說出最渴望的事物為何。不是為了耶穌，而是為你自己。回過頭來，當你花點時間在神面前說出並認識到你的渴望時，會發現以下三個好處：

**第一，知道自己想要什麼可以建立你的信心。**

決定自己更想要什麼的過程其實是給自己的一份禮物。它代表你花時間讓自己的內在聲音得以浮現。你現在可以擁有自己的空間了。知道自己想要什麼會幫助你建立信心。

**第二，知道自己想要什麼是給你愛的人的一份禮物。**

它代表在那些你擁有選擇的領域，你不會浪費時間在根本毫不在意的事物上。它代表你會對選擇深思熟慮；不會讓自己或你的家庭做超出你們能力負荷之外的承諾。你做出的每個承諾都會影響家庭中的每個成員。知道自己想要什麼是一種自動篩選機制，幫助你對已經預先決定的事情做出承諾，並輕輕放下其他的事。

**第三，知道自己想要什麼可以幫助你平靜地放手。**

換句話說，當你因為沒有得到自己想要的東西而痛苦時，知道自己想要什麼可以幫助你更輕易地釋懷。我知道這聽起來和直覺相違背，但是請聽我說。

無論你是否知道自己想要什麼，你的渴望就是你的渴望。如果某件事沒有按照你的期望發生，你的計畫沒有成功，或是你對某些人事物感到失望，事實上，無論如何你還是會感到失望。但如果你知道自己為何失望，你的傷口就會越快癒合。

說不清有多少次，我不得不在生命經歷帶來的悲傷、憤怒、挫折及疲憊中奮力前行，直到後來才意識到所有這些負面情緒的真正原因是，我有一個特別的渴望，而我從未為它取個名字。當那個渴望沒有得到滿足時，我感覺到它的存在。**但是我不知道為什麼**。於是那種失望便以其他奇怪的方式表現出來，我會變得易怒、沒有安全感，也可能是情緒爆發，或是沉默以對。為了掩蓋我最真實的渴望，我的潛意識可以做到許多的事，真是非常了不起。

我們都同意，知道自己想要什麼不等同於得到自己想要的，更不等同於要求得到我們想要的東西。當我誠實地**在耶穌面前**承認自己最渴望的東西時，可以更快接受我的渴望沒有得到滿足的事實。我可以和他談論這個渴望，承認我的心碎，接受他所要給我的替代之物。這就是在我每日的失望中與他同行的意義所在。沒有方法可以逃避它。

當我誠實面對自己最想要的事物時，也必須面對**可能**得不到自己最想要的東西的現實。如果你因為迫切需要人幫助你做出某個特殊決定或一系列決定而拿起這本書，花點時間承認自己最想要什麼，那麼你的決定——是或否，現在或還沒，這裡或那裡——很可能會產生不同。如果不是，記住知道自己想要什麼有三個好處：你會得到新的自信、對你愛的人有更深的愛與體恤，並且更願意放手。

## 禱告

我們不想要害怕自己內心深處的渴望，我們要在祢面前承認它們。

當渴望得到滿足時，提醒我們心存感激。

當渴望沒有得到滿足時，提醒我們懷抱希望。

幫助我們相信，因為我們已經得到了一顆新的心，渴望將帶領我們到達美好之地。

如果我們無法說出渴望，當我們感到困頓、孤獨、徹底被掏空時，幫助我們對自己有耐心，相信祢會在我們需要知道的時候，告訴我們需要知道的事。

## 練習：說出你最想要的東西

在接下來的二十四小時裡，當有人問你關於一些簡單事情的意見，例如去哪裡吃午飯、哪件衣服更好看，或是會議進行的順序該如何時，練習停頓一下。無論你的個性是猶豫不決還是果斷自信，停頓都是很重要的事。如果你的個性猶豫不決，停頓可以是個好的提醒：你最想要的東西才是重要的。如果你一般而言更果斷自信些，可以很快說出自己想要什麼，停頓可以幫助你辨別什麼是你更想要的東西。我們做決定的練習是創造空間、為尚未命名的事物取個名字，並做下一件對的事，而這是一個小的練習。

對今天來說，這個練習可能只是簡單地拒絕像平常那樣說**「喔，我沒差，去哪裡都好，看你！」**或是不要立刻發號施令說**「我們就這樣做吧！」**無論你是哪一種人，停頓都會開始為你的日常決定創造空間，讓它與你的內在生命更加一致。

第九章

# 列出最重要的東西

你現在活出的生命是否正是你內在想要的？在你告訴你的生命想要用它做什麼之前，先傾聽它想要用你做什麼吧。——帕克・巴默爾（Parker J. Palmer），《與自己對話》（Let Your Life Speak）

在我們的文化裡，一般而言，如果一件事情是成功的，我們就說它是對的決定；如果它是失敗的，我們就說它是錯的決定。但是成功和失敗真正的意義為何，誰來決定？生命中充滿了選擇，我們在做許多的選擇前並不曾深思熟慮。但當涉及到在兩個同樣好的（或更糟的話，兩個同樣壞的）事物之間做選擇時，我們如何知道何時說「是」，何時說「不」呢？我們如何反省過去所做的決定，以便為未來的決定提供參考，比方決定住在哪裡、在哪裡工作、如何上學，甚至晚餐要做什麼菜呢？從後果輕微的小選擇到會帶來巨大後果的大選擇，所有這些決定都使我們需要清楚地思考，組織思緒，運用所能掌握的資訊做出盡可能好的選擇。

在第九章裡，我們終於要來做個清單了。截至目前，我一直刻意不要帶領你們做列出清單的練習，主要的原因是清單往往聚焦於外部因素，儘管這些外部因素很重要，但並不是我們做決定的最大決定因素，至少在我們一起走的這條簡單的靈魂之路上它們不是。所以我們會用與你習慣的有點不同的方式來製作清單。舉例來說，當我們考慮一個決定時，最常做的清單就是列出決定的正反兩面。

我最近看了一集《吉爾莫女孩》（Gilmore Girls），在這集節目中，羅莉必須決定她要上哪所大學（給《吉爾莫女孩》的粉絲們，在第三季第十七集「愛倫波們與火的傳說」〔A Tale of Poes and Fire〕）。她做了三個利弊清單：一張是哈佛大學的、一張是普林斯頓的，一張是耶魯的。她是個守規則的人，她發誓透過製作這些清單，她要遵守這些清單，無論它們說什麼。在這集的尾聲，當她終於做出自己的決定（我不會劇透，即使在我寫這本書時這一集節目已經播出十四年了）時，鏡頭拉近讓我們看見她列出的利弊清單，顯示中選的學校優點多於缺點。

我個人對利弊清單的立場是，它們是種愚蠢的東西。我把它們跟檸檬派以及網路上的光腳照片歸為一類。換句話說，**不，謝了**。平常的時候，我都會堅持這個觀點，做我要做的事。也就是說，直到我發現自己不得不在兩件很好、很糟糕或同樣難以決定的事情之間做決定為止。一旦我在一個巨大的決定前猶豫不決，就是想不出該怎麼做時，我很容易就會落入那種我最討厭的俗套，就是拿出一張橫格紙，在中間畫一條線，然後開始將我所有的想法和細節整理在寫上加分與減分記號的欄目下面。

從這種利弊清單中可以浮現一些好的想法，它會幫助你找出真正的想法。將事情以有條理的方式寫下可以澄清思緒，讓你理解到一些不這樣做就會難以理解的事。但是利弊清單至少有一個重大缺陷：它假定每個項目的重要性都相同，而我們知道並非如此。一個清單上可以列出十個反對的理由，而贊成的只有一個。但如果那一個贊成理由是你的家庭、健康或安全，那麼，那一個列在贊成列表下的項目，重要性就超過了所有反對列表下的項目。利弊清單的另一個重大缺陷是什麼？我們往往只有在覺得毫無辦法，處於最後時限的壓力時，才會製作利弊清單。我們做決定的最後時限很快就要到來，壓力正與日俱增。無論結果如何，我都不喜歡倉促地做決定。所以何不做一個不一樣的清單呢？

雖然永遠避免在壓力下做決定是不可能的事，但是給自己一個減輕負擔的最佳機會是有可能的。我的目標是幫助你為自己的靈魂創造喘息的空間，好讓你能夠看清下一件做的事。有時我們很難知道接下來該做什麼，因為我們正處在忙碌和喧囂的生命階段，我們就是需要某個人來提醒自己慢下腳步，喘口氣。然而，在另一些時候，我們可能正接近某個生命週期的尾聲，開始展望未來，我們需要幫助來看清腳步為何。我們需要一個將說是與否變得更容易的方法，好讓每個決定不會那麼沉重。

我們要製作的最重要清單可以幫助我們在決定的時刻到來之前，先幫我們有意識地看清不同的選擇。我稱這種最重要的清單為「生命能量清單」（有一天我會想到一個更好的名字的）。這個清單是先發制人，而不是被動反應。當你即將面臨一個決定時，它不會排除你做決定的需要，但是它會是個有用的過濾器為你篩選出未來決定。

當我們站在一個生命週期終點線上、下一週期的起跑線邊緣時，我們經常會做的是衝刺進入下一階段，而不去思考才剛走過的路。這可以理解，但也可能讓我們付出某種代價，而我們可能直到一段時間後再次進入同一生命週期時才會意識到這一點。這是你送給未來自己的禮物，一個替代利弊清單的清單。

花幾分鐘為你剛經歷的生命週期製作一張生命能量清單，有意識地回顧並問自己兩個問題。

什麼消耗你的生命？什麼為你帶來生命？

很簡單卻很有啟發性，以下是它的做法。

首先，選擇你生活中的一個類別。第二，選擇一個具體的時間框架，最好不要超過大約一個季節三個月的時間。我甚至選擇過更短的時間框架，如一個月或幾個禮拜。這有助於事情的管理。如果你已經為長期猶豫不決或決策疲乏的毛病而掙扎，你不需要我來告訴你回顧過去十年生活，看看什麼為你帶來了生命。時間太長了。具體一點，從小處開始。

例如，假設我選擇反思的類別是人際關係，我選擇回顧的時間框架則是**去年夏天**。在這個生命能量清單中，我要反思的事情是那個夏天社區的團體活動，包括我做了或沒有參與的志工服務、我與朋友相處的時間、與約翰的約會之夜、與家人的日常生活、與其他夫婦相處的時間，以及任何我們與其他人一起出遊的時間。這可能是我現在唯一有時間處理的類別，那也沒關係。當你花些時間專注於反思生命中的這一類別時，可能會驚訝於你從中學到的東西。

一旦你已經花了些時間反思所選擇的類別及時間框架，請將那個季節放在心裡，並在每個領域問問自己，感覺起來它是在消耗你的生命，還是為你帶來生命？把你的答案寫在一個真正的清單上。我通常會在一頁紙上列出兩個清單，上方是消耗生命的清單，下方則是帶來生命的清單（相信我，以帶來生命的東西結束會更好）。當我為自己做這件事時，我意識到帶來生命清單中的一件事是和我們的大家庭一起野炊。但整個夏天我們只做了一次。這幫助我知道什麼是可能想要在生活中增加的事物。

你可以按照想法決定具體的程度，要將你的類別分得多細都可以。只要你練習反思生活，並誠實面對那些帶來生命和消耗生命的事物，怎樣做都不算錯。

你可以選擇回顧的一些其他類別包括工作、旅行、教會生活、社區參與、膳食計畫、事業夥伴關係、安息日實踐情形、出席（或跳過的）工作坊、運動和身體鍛鍊，以及祈禱和閱讀習慣。再次提醒，我的主要建議是選擇一個類別和一個具體時間空間，並且總是將它寫下來。

檢視你生活中的這些領域，選擇一個來反思，然後問你自己，**這是帶來生命還是消耗生命？**總的來說，當你思考這問題時，你覺得身體在你想像的那段時間時是提振還是消沉的？尤其是當你在回顧一些靈性操練時，還有一個方式可以問這個問題：**這個活動是讓我更親近神，還是把我從祂身邊推開？**記住，沒有錯誤答案。為我帶來生命的事物也可能消耗你的生命。不僅如此，今天為你帶來生命的事物，明年也可能讓你感覺在消耗生命。

當我們不花時間反思並重新評估生活時，可能會落入一種習慣的窠臼，只是因為我們一直為做這些事而做。我們無法總是排除掉消耗生命的事物，但那並不是這個過程的目的。在我們生活中，永遠有必須要做的事，無論對這些事的感覺如何。這就是所謂的長大成人。你會發現有些在消耗生命清單上的事情是無法刪除或避免的。但事實仍然是這樣：在我們的生活中，永遠有些事是不假思索，或是根據期望或恐懼而答應或拒絕的，而知道這些事是什麼會很有幫助。

另一件要留心的事情是，在你的清單上，可能有些事讓你感覺在消耗生命，但那件事的**結果**其實是為你帶來生命的。例如，也許你想到人們到家裡來作客就覺得這件事讓人疲憊，但你也珍惜與人們的連結。結果，朋友來家中拜訪出現在你的兩個清單上。事實上，當你回顧夏天時（你已經做完這件事了），當時它可能看起來是個帶來生命的活動。但是當下個週末，你有機會邀請朋友來家裡時，它可能感覺起來是消耗生命的。記住這一點可能有幫助：儘管這個活動在前半部感覺起來是消耗生命的，但是你將記得的是它最後為你帶來多少生命。

生命能量清單只是幫助你關注實際生活的一個工具，好讓你能想清楚下一件對的事可能是什麼。它幫助你傾聽生活，讓過去的決定告訴你如何在未來做決定。你可以根據情況需要來決定製作這份清單的頻率，從每月到每季，甚至每年一次也可以，但我建議你更常做。

什麼能帶來生命？你現在的生活將會給你提示；它總是這麼做。你的身體會給你提示。你的心情會給你提示。你的家庭會給你提示。我從來不需要多想幾次或感到疑惑。我總是一說出它們的名字時就知道了。你也會。

這是從你的生活收集線索並將它們寫在紙上的一種練習，這樣當機會、承諾或要求在未來出現在面前時，你將可以運用從實際生活中得到的資訊來考慮它們，而不是瘋狂猜測，或是在最後一分鐘才開始製作利弊清單。

當我收到跟希望會一起到菲律賓旅行的邀請時，對我而言，很難知道我到底該接受還是拒絕。我感到迷失、徬徨無依，充滿了不確定。但如果我已經在練習關注那些消耗及帶來生命的事物，我相信會更快做出那個決定。我相信可以更快、更有信心地說是。

這是否意味著如果我拒絕了那次旅行的邀請，那麼我就錯了呢？我認為其實這是個錯誤的問題。相反地，我想重要的是去理解，儘管有時會有一個道德上正確或錯誤的決定，但大部分的日常決定都不是絕對對錯分明的。

事實是這樣的：你只能根據當時已知的訊息來做決定。我們生活在一個結果論的文化裡，選擇的正確性似乎只基於結果成功與否。這在某些情況中可能是對的，但我們真的想要這樣生活嗎？成功的結果可能只是表面上看起來很好，但我們希望將生活建立在愛、信仰、人際連結、救贖、歡笑、真心全意、喜樂與和平之上。與其問哪個會是完全正確的選擇，不如思考**生命**的選擇。耶穌說他是道路、真理、生命。當我們與他同行並思及他與我們同在時，就可以信任他將帶領我們走向生命，因此即使在那些感覺起來消耗生命的事物中，我們也可以相信那是我們的生命。

製作這份最重要的清單是個收集資料的練習，是個變得好奇的過程。你從生活的自動導航模式醒過來。你最不想看到的就是讓生命能量清單變成另一個把事情放進自動導航模式的方式：**好吧，我只做帶給我生命的事情，其他所有東西就拋到一邊吧。**

請不要這麼做。這是必須在好奇心驅使下，以聆聽的態度完成的一件事。我們與耶穌一起製作清單，將這些事情帶到他那裡，問他在每一種情況中他要我們做什麼。然後我們信任自己可以將渴望交託給他，因為他不但與我們同在；他還住在我們裡面，他會讓我們知道需要知道的事。我們可以誠實地面對某些東西是如何為我們帶來生命，而其他東西又是如何做不到。然後我們傾聽。

雖然他的性格永遠不變，但他的引導可能會。他上個月領你說「不」的事，下個月也許會變成說「是」，無論它是否能帶來生命。這是一種親密關係，不是個試算表；是一種節奏，但不是個規則。

如果你覺得手邊有個待辦事項清單更像個機器人，而不是個眼裡充滿驚奇的藝術家，請不要這麼想。閉上你的眼睛，將一隻手放在你的膝上，另一隻手放在你的心上，問自己：**在這一刻，我渴望什麼？什麼能帶來生命？**如果你這樣做，可能會訝異自己發現了什麼，但如果流淚，請不要訝異。那些小小的信使是你親切的夥伴，從你最深處的所是派來提醒你，是什麼讓你更有生命力。聆聽它們要說的話，在心跳的聲音中醒來。無論你今天或未來做出什麼選擇，耶穌都與你同在。他已經走在你的前面。無論結果如何，他都將與你同在。

## 禱告

我們承認想要在同意之前知道計畫的內容，但我們正開始明白，這不是祢真正的做法。

當我們花一點點時間回顧生活時，請給我們勇氣承認什麼是艱難的，擁抱我們所愛的。

提醒我們一次又一次地邁向生命。

儘管我們的問題仍沒有答案，我們今天要求對未來有個充滿希望的異象。

感謝祢與我們同在並住在我們裡面，感謝祢永遠不會撇下我們。

## 練習：製作最重要的清單

你可能已經在進行一種範圍較小的類似反思，叫做日常省思，這是種簡單的禱告式反思技巧，你可以每天結束時進行。這是一種古老做法，透過回顧，辨別神在你那一天生活的活動，然後以禱告方式專注於祂可能給你的指導。這是我最喜歡的屬靈操練之一，當我進行日常反思的操練時，製作生命能量清單就會變得更加容易。現在，請你選擇一個類別和一個時間框架，製作你自己的生命能量清單吧。

第十章

# 放棄某樣事物

不是你真正想要的事物，再多也無法滿足你。——瑞克・韓森（Rick Hanson），《極簡主義：記錄生命中的重要事物》

那是我們在這個港口見過最大的船，比所有其他船隻都更巨大。十多年來，每年夏天，我都會來南卡羅萊納州的希爾頓海德島（Hilton Head Island），這裡也是約翰從出生以來就經常來的地方。不過這艘遊艇還是我們兩人到目前為止在那裡見過最令人難忘的，它讓周圍的其他遊艇看起來就像是假人在玩的玩具船。

習慣上，我承認我通常不喜歡盯著令人印象深刻的東西，如路上的酷車猛瞧。那就是他們想要我們做的，所以我總是刻意看向另一邊，進行著自己安靜的反抗。但這次，我和其他每個人一樣站著，用手遮住刺眼的落日餘暉，專注目送著那艘行動遲緩沉重的迷你遊輪威風凜凜地航入港灣，接著航向大海。

我們無意間聽見人們說，遊艇上的船員稍早時全都穿著卡其褲及白色的花俏襯衫，但現在是黃昏時分，我們看見他們打上了黑領帶，手裡端著餐盤。音樂和興奮的人聲嗡嗡盤旋在那艘船上；當那艘遊艇慢慢繞過較小的船隻時，偶爾會聽見人們集體大笑的聲音劃破夏夜的空氣。我幾乎以為了不起的蓋茨比會徑直走到甲板上，帶著得意的笑容，白色外套飄揚，點頭向人群致意。

隨著那艘遊艇遠去，我們看見她刻在船後方，以金色字母書寫的名字是——永不滿足。每個觀看的人都領會到了這其中的諷刺意味。

部分的我希望自己也在那個甲板上，置身於歡快氛圍、浮華世界，以及神秘之中。如果我不只是船上，而是屬於那裡，那會是什麼樣子？如果我受到邀請，被一群燦爛奪目、皮膚黝黑的富裕人士包圍，感覺如何？但是，當我懶洋洋地環著約翰手臂，穿過人群回到我們在海濱的房子時，我意識到我正在過的這種生活也是別人的遊艇，他們追尋、渴望，並真心希望得到的生活。我也是，直到我記起來已經擁有它了為止。那種絢爛的生活並不真正存在，那些追逐它的人們很快就發現，**它其實不在那裡**。為那艘船取名字的人知道這點。所有這一切永遠無法令人滿足，真正的滿足。

自從我初次見到「永不滿足」號緩慢而沉重地漂浮在那個港口，已經許多年過去了，但我仍會想到它。當我看見雜誌封面上的電影明星時，我想到她的美麗與她的富有將永遠無法使她滿足。當我做著跳上飛機前往巴黎的白日夢時，我記得那裡也會遇上麻煩。當我看著自己行業中那些似乎已經對一切胸有成竹的女人時，我會想一想「永不滿足」號，她也許是那天晚上我們港口裡最大的遊艇，但她不是世界上最大的遊艇，還差得遠。

當你努力成為最大咖、最好、最聰明、最明智、最有趣的人時，永遠會有更大咖、更好、更聰明、更明智，而且還有趣得很的人讓你的目標遭到挫敗。與其追逐**更多**，如果我們發現我們所在之處就已經**足夠**了呢？這是我們在做決定時需要考慮的一個重要問題，因為對我們之中的一些人而言，我們的「是」與「否」取決於有多相信我們的選擇將會通向以為自己想要的生活——或者更糟，通向我們一直被教導認為我們**應該**想要的生活，無論那是在一艘巨大遊艇上度過一個夏夜、一份成功的事業、一棟美麗的別墅等等。

與我一起踏上一個短暫的旅程吧，我打賭你會認識到這點，尤其是當你曾經花費大把時間精力在追逐某樣事物，然後被要求放下它時。

時間是二〇〇一年，我在一所高中擔任手語翻譯師已經兩年了。我很擅長手語。有時聽障人士看見我打手語時會問我，我是否也有聽力障礙。身為一名翻譯師，這是對我的最高讚譽了。我有教育口譯的學位，但我希望得到全國性的認證。這是我的最高目標。但我們的婚禮就要在一個月內舉行了，前往亞特蘭大（Atlanta）參加考試的事必須先等等。

時間是二〇〇二年，當我走進考場時，前往亞特蘭大的六小時車程仍然讓我的背感覺僵硬。約翰和我已經結婚一年了。這其實是我第二次來到這裡，因為第一次來的時候我沒有通過考試。我知道我的表達性語言（expressive language）很好，但接收技能

（receptive skill）是拖累我的弱項，我也知道這點。我打了個呵欠，主考官問我是否累了。我告訴她是的，但其實當我緊張時就會打呵欠。她設置好鏡頭後就離開了房間，我應該在聽到聲音時立刻開始打手語。那個小紅燈很刺眼。鏡頭錄下我的表現，我緊張到忍不住一直發抖。如果你可以穿越時空回到過去，在那一刻，就在我的考試開始之前，問我為何想要成為一名得到全國性認證的手語翻譯師，我不確定可以好好說清楚。所有最優秀的手語翻譯師都有國家認證。難道我不該想要成為最優秀的人嗎？

三個月後，我在信箱收到一封信，左上角印了那個熟悉的標誌。我猶豫了一下，等到心情平靜下來後，才用手指穿過紙張和膠水之間的那個洞，撕開那封信。**恭喜妳**，信上說。所以我終於達到目標了。現在我的學位、學習、金錢和獎學金終於得到了正式的肯定，值得了。這張紙就是證明。

但我並不覺得有任何不同。

時間是二〇〇三年，他們告訴我，如果我需要，可以開著那輛高爾夫球車逛逛校園。我的老闆將鑰匙遞給我，我忍不住笑了。我的雙胞胎還要四個多月才出生，但我的肚子已經很大了。真的很大。我已經看不到自己的腳了。而我的老闆知道每週四十小時的工作已經開始損害我的身體，尤其是因為大學很大，而我擔任翻譯師的一些課彼此相隔很遠。我覺得很可笑，但還是使用了那輛高爾夫球車，而且非常愛它。我的老闆對我很好，但我很害怕很快就必須和她進行的那場談話。**我要離職了**。該是我暫時回歸家庭的時候了。

時間是二〇〇五年，雙胞胎終於同時睡了。她們很快就滿兩歲了。今天一家口譯機構打電話來，這個禮拜我已經第三次拒絕他們了。我必須取得更多的持續教育學分（CEU）才能維持認證資格，但是這想法令我感到筋疲力竭。有一種轉變，某種我擺脫不了的強大事物，一個我尚未充分了解但是像海面下的波浪般逐漸成長的東西。我想要寫作。

幾年後，在我已經出版了第一本書並且正在寫第二本時，我又在信箱裡收到了一封信。

親愛的艾蜜莉・佛里曼（Emily Freeman），我們很遺憾地通知您，您的紀錄識別資料顯示，您未能達到您在二〇一一年十二月三十一日結束的認證週期的持續教育學分要求。不幸的是，這意味著我們必須撤銷您的認證資格。

我多年的求學時間、數千美元的金錢、數百小時的學習、前往亞特蘭大取得認證的兩次旅行、多年的持續教育學分，以及數年的專業手語翻譯師工作，如今都結束了。當你拋下這麼長久以來追求的東西時，這意味著什麼？當你如此努力才取得的東西似乎不再適合你的時候，它透露了關於你、你的選擇、你的認同的什麼訊息？

當我讀到那封信時，我小哭了一下。對手語翻譯說「不」並不是一夕之間發生的事，但它確實發生了。那個逐漸說出的「不」導致我最終對寫作說「是」。這就是關於刻意說「不」的一個重要方面：它可以為帶來生命的「是」打開一扇大門。當你專注於失去的東西時，就很難看見存在的東西。

事情改變了並不代表你一開始的選擇錯了。

你擅長某件事並不代表你必須永遠都要做這件事。

今天，也許你的下一件對的事是放慢腳步，給自己足夠的時間，看清楚是什麼占據了你的生活，停止環顧四周，靜下心來傾聽。如果這感覺很難，可能是因為你正在不停地打轉，追逐著下一百件不是下一件事情。

請你再次成為一個靈魂的極簡主義者。花點時間為敘事取個名字。

也許你需要人提醒你放下對於那些有成效、有利可圖、令人印象深刻或受到期待的事物的追求，並想一想：**什麼才是必不可少？**這是我們會保留到一年的開始才去問的問題，但也許它在一年中的任何時候都是個好問題。

本質主義不是關於如何完成更多的事情，它是關於如何做對的事情。它也不等於爲了少做點事而少做點事。它是關於將你的時間和精力做最明智的投資，以便透過只做必不可少的事而產生最大的貢獻。①

如果你覺得決定什麼是必不可少的事情很困難，這裡有三種方法可以幫助你清理靈魂的雜亂無章，回到基本的東西上。

**第一，要慎選聽取意見的對象。**我們會在後面的章節更仔細討論這點，但如果某個人的話語、計畫或建議讓你緊張到快要換氣過度，那就不要聽了。深吸口氣，記住你是誰。重複一遍。可能是這個令人筋疲力竭的建議對你的虛假自我產生了吸引力。大衛・班納（David Benner）說，「因此，我們的呼召是對我們最有利、同時也對世界最有利的存在方式。」②要慎選你聽取意見的對象。

**第二，安排一個聆聽日。**這個方法會需要一些計畫，但它值得你花時間。記住，你已經花了大把時間精力在你懷疑根本不是必要的事情上。讓我們好好利用這個精力，將它重新對準新的目標：以禱告的方式傾聽自己生命和呼召的催促。這一天的重點不一定是做出你的決定，而是記住你是誰。

即使是耶穌也不是一來到這世界上就知道自己是誰。他出生時是個完全依賴的嬰兒。他的父母必須教導他是誰，然後耶穌必須和他的天父一起弄清楚這個問題。我明白這種說法很奇怪，也許我正在涉足一無所知的神學領域，但是聖經說耶穌在世上做的一切事情全然依賴他的天父。這包括認識到他是誰。

他在曠野中度過了四十天，受到試圖讓他做出不符合自己身分行為的試誘，但他始終忠於那個成為自己的呼召。他不得不和批評者（有時是他自己的朋友和家人）作戰，他們認為他應該成為一個不同的人：國王、先師、軍事領袖。他不得不接受天父的真正旨意，僅僅傳道三年就死於十字架上。

讓他堅持前行的不是成功、能力、技巧，或是眾人的異口同聲。讓他持續前行的、幫助他做下一件對的事情的，是知道他的天父與他同在。只有當他花時間與天父獨處時，他才能記得這件事。這對我們而言也是如此。你需要一段時間來記憶、做自己，知道自己並不孤單。所以請安排一個傾聽日吧。

**第三，放棄某樣東西**。重要的不是那樣東西是什麼。不需要是什麼了不得的東西。當你對小事說「不」時，它會幫助你建立對大事說「不」的勇氣。記住，這不是為了放棄而放棄。這樣做是為了你可以對真正重要的東西說「是」。這也不是你可以去獲得尚未擁有的東西（那會導致「永不滿足」）。相反地，它是為了讓你能從你已經是誰的這個穩妥之處繼續前行。有時候，只有說「不」才能讓你最終可以說出最具意義的「是」。

你感覺不安並不意味著你不是一個滿足的人，也不代表你自私或個性散漫，或者你需要學著更感恩。我想，它也可能意味著這些事，但並不總是如此。也許相反，正如亞當・麥克修（Adam McHugh）所說的，它意味著是時候去聆聽你的情緒，而不是向它們說教了。③也許你的生命正試著告訴你一些事。也許是時候清理出一小塊空間，聆聽你已經知道的事：做出改變的時候到了。

# 禱告

父啊，我們要求得到清晰的指引，但我們了解這不是祢最優先的事。

讓困惑、懷疑、懷抱疑問將我們拉到祢的身邊。

但願我們不需要如此努力就能擺脫這些東西。

若是無法，願我們讓這些問題和不確定性鋪成一條通向祢的道路。

幫助我們知道何時說「是」，何時說「不」。

賜我們勇氣在適當的時候放手。

我們宣告，我們永遠滿足於祢。

我們相信它。當我們不信時，請幫助我們。

## 練習：決定是否該是放棄某樣事物的時候了

靜下心來，問自己這個問題：現在是我放棄某樣事物的時候嗎？下面這些問題和聖經上的這段經文也許會有幫助。

你是否為了某樣事物努力工作，卻意識到它不再適合你了？

你是否對某個議題的心意改變了，但你的頭腦卻未跟上心的腳步？

你是否曾經受騙上當，以為做得越多、工作越努力，最後就能擁有足夠的東西或是感到滿足？

有史以來最有智慧的國王是所羅門，這個人可以說擁有了他可以想要擁有的一切，但仍發現自己無法滿足。花幾分鐘想想他在〈傳道書〉第三章中所寫的文字：

凡事都有定期，天下萬務都有定時。

生有時，死有時；栽種有時，拔出所栽種的也有時；

殺戮有時，醫治有時；拆毀有時，建造有時；

哭有時，笑有時；哀慟有時，跳舞有時；

拋擲石頭有時，堆聚石頭有時；擁抱有時，避開有時；

尋找有時，失落有時；保守有時，捨棄有時；

撕裂有時，縫補有時；靜默有時，言語有時；

愛有時，恨有時；戰爭有時，和平有時。（〈傳道書〉第三章第一至八節）

這是上主的話。感謝神。

# 第十一章

# 停留在今天

正如許多成癮者，我也感覺到自己崩潰時刻的到來。十五年來，我一直是個網路強迫症者，每週七天，每天發表好幾篇部落格文章……每天從早上開始就完全沉浸於川流不息的網路內容及新聞中，從一個網站跳到另一個網站、一則推特跳到另一則推特、一則即時新聞跳到另一則熱門報導，掃描過無數的圖片和影響，追趕著大量的哏圖……但我早已開始擔憂，這種新的生活方式其實正在成為一種不生活的方式。——安德魯・蘇利文（Andrew Sullivan），《曾經為人》（I Used to Be a Human Being）

我已經到加州將近二十四小時了。昨晚八點半後我幾乎睜不開我的眼睛，當然，今天早上我在天亮前就醒了。僅僅三小時的時差對身體造成的影響之大實在令人訝異。我掏出手機，找到一家位於蒙特西托（Montecito）很早就開門的咖啡館。我沖了個澡，準備好要出門了，而現在還不到早上六點。

我很高興為這趟旅行租了輛車，我從下榻的避靜中心出發。昨晚我停車進來時天已經黑了，現在，由於我在天亮前就出門的緣故，還是沒看清楚這地方的樣子。但它坐落在多岩的山坡上，我看得出這是個迷人的地方。興奮緊張及好奇心催促我向前邁進，尋找咖啡和人群，尋找一些我可以抓住的熟悉事物。

我知道咖啡館的大致方向，所以沒有用手機來導航。每個轉彎都提醒我正在一個陌生的地方，我為這裡的街道沒有路緣而感到著迷，因為這樣，即使是主要街道看起來也像是小巷。而正當我開始有點驚慌，抱怨起這彷彿永恆早晨的黑暗時，我轉進了一條街，又開上另一條街，然後，就像魔法般，我來到了一個山頂，我的眼前突然出現了一個開闊的空間，除了黑藍色的早晨以及遠處正向西方移動的太陽射出的金光之外，什麼都看不見。

四下無人。只有我、棕櫚樹，以及空蕩蕩的豪華餐廳。我聽見不知從何處傳來一陣微弱的轟鳴聲，納悶著那是雷聲，抑或是遠方的一列火車。當我搖下駕駛座的車窗時，我意識到那是海，海浪正拍擊著道路的正下方。有那麼一會兒，我坐在租來的車裡，在蝴蝶巷（Butterfly Lane）與海峽路（Channel Drive）交會處，傾聽著海浪洶湧拍打西海岸沙灘的轟鳴聲。在清晨的黑暗中，一種縈繞在空氣中的無名渴望包圍著我，既令人敬畏又令人毛骨悚然。淚水即將潰堤。我將車子向左轉。

我把那一刻拋在腦後，關上車窗，朝向咖啡館的方向駛去，這次更容易找到正確的路了。我將車子開進小鎮中心，這是路上唯一一家營業中的商店，裡面有溫暖的燈光及咖啡因。透過前面的窗子，我看見兩個穿著牛仔褲的男人坐著那裡看報紙。我把車停好，甚至下車了，但我無法走進去。那個早晨的天空不放過我。從頭頂高度望出去，我可以看見太陽正努力往上爬，我意識到還沒吃早餐。回頭看了一下我的地圖，我沿著來時的路重新回到海峽路上，這次當我到達目的地時，我將車子停下，並走出車外。

我知道家裡的約翰和孩子們都已起床並展開了一天的作息，我不禁把加州想像為一個無憂無慮的遲到者，在一個永恆的週六睡到了很晚。**整個國家都醒了，而你的太陽甚至都還沒爬上來呢！你知道，越過那些山丘，有許多的生活正在發生啊。**加州似乎對此毫不在意。

我站在那裡，夾雜在其他早起的人們之間，視線穿過欄杆凝視著海水，遠處是灰藍色的岩石，一道誘人的金黃橙色線條恰好盤旋在它們的正上方。一個女人走近我，我們面向海水，在一種有禮、恭敬的安靜中一起看了一會兒的海。她很快就和我攀談起來，已經獨自旅行了一天多的我並不介意她這麼做。原來她是在這裡長大的，她的人生見證了無數次的日升和日落。這個位於聖塔芭芭拉（Santa Barbara）的海灘主要面向南方，所以人們可以看見日出和日落的景色。這可能是我曾去過最美麗的地方之一。

我們一起在那裡等待，她穿著跑步的服裝，我則穿著當天的外出服，我們都拿著手機，希望拍下那天早晨的天空。其他的人也三三兩兩漫步而至：一個男人帶著兩條自由奔跑的狗，一些自行車騎士，一對拿著咖啡的老夫婦。我們站著、看著、等待著。太陽她並不著急。她從起初以來每天都這樣做，她既不會等人，也不會為任何人匆忙。如果你在那裡，你會看見日出。如果你離開，你就會錯過。沒有停頓。沒有錄影。沒有廣告快轉。只有從這一刻滾動到下一刻以及不斷變化的色澤，除非你看向別處並且再回過頭來，才能分辨出其間的不同。

我得知那位與我交談的跑者，名字叫做喬丹，她正在等待一個消息，通知她本週是否得到一份工作。她決定，一旦我們等待的時間超過了氣象頻道應用程式告訴我們的日出時間，她就要繼續跑步。我們意識到厚厚的雲層可能意味著今天早晨看不到太陽及她火焰的光芒，只能看到她彩筆暈染的天光雲影。

我不會再見到這名跑者了，但她的生活會繼續下去，她會得到她的工作，也許搬到阿姆斯特丹住一個月，然後再回到洛杉磯。她和她潔白的牙齒將繼續看著這個太陽每天早晨晚起三個小時。我想看到真正的太陽，我不想放棄，但從我起床到現在已經好幾個小時了，我非常需要喝杯咖啡。我回到租來的車上，返回來時路，找到了那家叫「咖啡豆與茶葉」（The Coffee Bean and Tea Leaf）的咖啡館，但這次我還是無法離開我的車。如果太陽最後還是從雲層中露臉了呢？如果我在海邊等了三十分鐘，卻錯過了最美的景色怎麼辦？

如果你真的相信，我又開車離開，回到幾分鐘前遇到喬丹的老地方，太陽再一次耍賴了。隨著天空完全醒來，她找到了偷偷躲在雲層後方的方法。這個早晨，她將緊守她的祕密。

我下定決心，接受喝杯咖啡、工作一下的時間終於到了。當我開車駛過這個我逐漸熟悉的小鎮街道時，我想著早晨至今的行為有多麼荒誕可笑，想著自從來到這裡後，在這裡安頓下來對我來說是多麼困難。

當我和約翰一起旅行時，他總是在抵達某地的五分鐘內就打開他的行李箱。當我第一次看到他這樣做時，簡直無法相信。他不明白梳妝台不是拿來用的，而是拿來裝飾和把你的東西擺在上面的。

我往往會環顧四周，想著那個角落裡有什麼，我錯過了什麼，我如何能更享受這一切。當我第三次開車前往那家咖啡館，在追著太陽走遍了聖塔芭芭拉之後終於下了車時，我意識到這個早晨和我的實際生活有多麼相似。我有無法安頓自己的問題。

〈詩篇〉第四十六篇第十節是個邀請，邀請我們靜下來，知道祂是神。神邀請我們先靜下來是有理由的：靜定為認識開闢道路。靜定創造空間，就像成為靈魂極簡主義者，為命名、未被命名的事物開路一樣。

當我一直處在運動的狀態時，身體會重複練習焦慮感，而不是自然放鬆的優雅節奏。諷刺的是，當我們選擇終於停止追逐某件不認為自己擁有的事物時，我們最後可能會找到一直都在那裡的東西。

擁有清爽整潔的靈魂空間不是個一次性的宣告性聲明，而是一種持續的存在方式。有時我在清晨感到精神飽滿，到了吃早餐時卻已經失去了這種感覺。我不想做一個散漫的人，什麼事都做不成，我想成為一個集中精力的人，有能力在愛中去做下一件對的事。

與我在海灘和咖啡館之間來回奔波一樣，我也穿梭於過去與未來之間，試圖避免遺憾，努力預測結果，思考著所有事情可能出錯的方式。我會為自己在一個還沒發生的夏天錯過與孩子相處的日子而感覺內疚。我會因為一場我可能該與某位熟人進行的談話而失眠。我想像某人可能會如何看我，接著在腦海中為自己辯護，反對那個我假想的看法。我允許情緒在沒有理性思維的陪伴下走向未來，就像一群沒有父母陪伴的三歲小孩。我不可能做下一件正確的事，因為我已經穿越到遙遠的未來，而我的下一件對的事則被留在我想像的過去之中。

那麼從這裡，我們該往哪裡去呢？去唯一可以去的地方，唯一能到達的地方。我們去**現在**。直到今天，我都會做一件簡單的事來幫助我停留在現在。而且當我說它很簡單時，我是認真的。

首先，從你心裡找出一件你感覺難以承受的事，一件讓你飛向未來並在想像中制定一些計畫，或是為可能的憂慮而苦惱的事。說出那是什麼。接著把它變成一個問題，然後在問題的最後加上**今天**這兩個字。

最近，我在女兒們開始上中學前做了這個練習。雖然我不是真的那麼擔心，但它是在腦海中一直困擾著我的一件事情。我不知道自己是否準備好了、不知道她們是否準備好了、不知道是否還有些需要去做的事情是我沒有想到的。當我想到它在的未來正逐漸靠近時，我就感到難以承受。在這個簡單的練習中，我說：「我正在想，我的女兒們秋天要上中學了。」

接著我將它變成一個問題，並加上今天一詞。「**今天**，我的女兒們秋天要上中學了嗎？」

如果答案是否定的，你就可以把它放到一邊；如果答案是肯定的，那就問問你自己，**關於這個問題，現在能做的下一件對的事是什麼？**如果這讓你感到困惑，或者它也許太簡單了，令你感到困惑，那麼我再舉一個例子。

這星期晚幾天，我要去一個短暫的過夜旅行。這件事一直在我心裡揮之不去，我覺得有點心煩意亂。於是我說出了自己的擔憂：**我在想著要去羅里**（Raleigh）**旅行的事**。接著將它變成一個問題。「去羅里的旅行是在今天嗎？」

不是，但它會在這週發生，所以我確實需要準備一下。

**為了準備這次旅行，什麼是我今天可以做的下一件對的事？**

我不能做全部的事，但是我可以做一件事。做完這件事之後，我可以再做一件事。

你呢？什麼事情在你心裡揮之不去？將它變成一個問題並加上**今天**兩個字吧。有時你掛心的事**是**發生在今天。那麼下一個問題還是一樣——**什麼是你今天可以做的下一件對的事？**因為那就是你所能做的一切了。你一次只能做一件事情。

## 禱告

喔，神哪，求祢現在召集我，使我與祢同在就像祢與我同在一樣。

——泰德・婁德（Ted Loder）①

## 練習：停留在今天

今天我們將練習有意識地停下來，這樣就可以如畢德生（Eugene Peterson）所說的那樣，「保持警覺、專注並接受神在旅途中在我們身上為我們做的事，以及祂在他人身上為他人做的事。我們等候我們的靈魂趕上肉體的步伐。」②如果你覺得散漫沒有焦點，就像正朝四面八方飛走一樣，讓這些短暫的片刻成為你忙碌生活中的減速時間吧。不要因為自己心煩意亂而責備自己。記住沒有人會因羞愧而得到自由。讓它以本來面目出現在神面前。承認事實。在你心中說出這個日子——日期、月分、年分。這就是你所在之地；你現在擁有的就是這一刻。你一次只能出現在一個地方。停留在今天。

第十二章

# 在你現在所在之處

神在我們真正在的地方遇見我們，而不是在我們假裝在的地方。——賴瑞・克萊布博士（Dr. Larry Crabb），《真正的教會》（Real Church）

停留在**今天**對任何人來說都是個重要的練習，尤其是對我們這些更容易焦慮並努力預測最壞情況的人而言。但是還有一個相關練習也同樣重要，那就是學習與現在的自己同在。停留在今天讓我們不會匆忙進入未來，與現在的自己同在則讓我們可以承認現在真正在發生什麼。幾年前，我在這方面的失敗最終讓我認識到一件重要的事。

有時我們的頭腦需要時間來處理現實，即使當我們的現實對其他人而言顯而易見。直到我們準備好自己看清一件事之前，無論多少的說教或解釋都是白費唇舌，無助於我們看清它。那就是為什麼你可能是最後一個知道你愛上了那個經常和你一起出去的人的原因。而當你終於承認它時，生活裡的每個人都會說，**拜託，我們已經知道好幾個月了**。這就是為什麼當你終於承認該是你辭職、換主修專業或開始新事物的時候時，往往你生命中最了解你的人只會點點頭，對於你終於意識到他們已經知道了很久的事感到如釋重負。幾年前，我就是那個沒有意識到其他人都早已知道的事情的人。我仍記得它發生的那一刻。

當時我送完女兒們到家附近的學校，走在回家的路上時，我開始在腦海中回想著所有要做的事。有幾件是普通的家務事：我得去雜貨店一趟、洗衣服、洗碗、打電話給修剪樹木的人，並為我們即將在那個週末舉行的二手物拍賣決定價格。

其他事情則屬於工作性質：我必須完成一些照片的編輯工作、交出出版社要求的東西、寫篇文章，並準備好一篇部落格文章。當我走近前門時，我能感覺自己的心跳開始加速。我的呼吸變得短促，對來杯濃咖啡的渴望更飆到頂點。簡言之，我太緊繃了，但我卻不完全知道原因。大約一小時後，我正將碗盤放進洗碗機中，腦子裡還計畫要回封電子郵件時，我聽到這句話在我腦海中響起，一切都清楚了：**艾蜜莉，妳有一份工作。**

我知道這件事聽起來很瘋狂，但是當你是位在家工作者，同時也是位母親時，很容易有很長的一段時間相信你是個家庭主婦的幻覺。尤其麻煩的地方是，當我同意寫書並和出版社展開合作時，我感覺它不是像我過去那樣的一份工作，因為我不用進辦公室、和人資人員面談，或是準時上下班。我也沒有同事、辦公隔間或帶薪假。我連個真正的老闆都沒有。

這些話不是抱怨，只是要指出這種變化是多麼逐步漸進。我真的很難看清家庭與工作之間的界線，而我是那個必須劃出這些界線的人。當時我沒有好好地劃出界線，只是因為沒有意識到自己需要這樣做。對我來說，造成的結果是感到挫折、快被壓垮，覺得自己好像試著要做所有的事，卻什麼都做不好。在情況好的日子，我大部分的事情都只能做到一半。

承認我有份工作對我而言是件需要為自己感到悲傷的事。回想起來，我從來沒有計畫要在那個時候就開始工作。但是由於我在做下一件對的事情上的靈性操練，這些下一件對的事最後都導致了好幾份的書約。這些書約是個禮物，這份主要從家裡產生的收入也祝福了我的家庭。但即使是好事也常帶著陰影，而我正學著同時接受這些禮物和它們帶來的負擔。對我而言，正視實際生活的現實並承認我有一份工作，顯然是重要的第一步，它給了我一些迫切需要的自由。在那之後，我和約翰的對話改變了。我看待我們日程安排的方式也改變了。最重要的是，意識到唯一期待我「完成一切事情」的人就是我自己之後，我更加善待自己了。

這是我自己生命中的一個例子，我的情況隨著時間的推移慢慢發生了變化，但我對自己的期望卻未隨之改變。無論你處在什麼生命階段、環境如何，當事情開始改變時，重要的是與現在的自己同在，並對你也許隨時背負在自己身上的那些期待保持警覺。

你明白為事物命名的力量了嗎？我的現實是一個在家工作的母親，但我對自己的認知卻是個家庭主婦。難怪我永遠覺得自己追不上。當我們沒有承認或意識到目前的生命處境時，就會繼續對自己或其他人抱有期望，似乎事物會始終保持不變，但事實上，事情已經改變了。當我們不知道現在所處的位置時，就不可能對於想要去哪裡做出明智的決定。這使得我們無法看清下一件對的事。

為了與現在的自己同在，你必須**知道**現在在哪裡。讓我們進行一個簡單的練習，幫助你與現在的自己同在，並讓神在那裡與你相遇。這裡有一系列的問題，問這些問題是為了幫助你命名現在真正發生的事。回答這些問題時不要論斷、指責、憤怒、責怪，或有羞恥感。這是這個練習的重要部分。有時我們需要有人提醒，只須認識真相，而不要試圖改變它，不要賦予它某種意義，好讓它聽起來更好或更糟。

我們開始吧。

你最近是否開始一個新的職位，工作上被賦予更多的責任，或是別人越過你得到了升遷？

你是否受傷或生病，造成你的體能水準或能力產生了某程度的改變？

你的房子是否正在裝潢或維修，這讓外人在奇怪的時間出現在你家？

你身邊的人現在是否比過去更需要你？

你有孩子或心愛的人在焦慮、病痛、心碎或疼痛中掙扎嗎？

你是否正在等待一些你無法控制的結果？你等待這些結果已經多久了？

總的來說，你是否在日程表上增加了新的事情，或沒有減少任何事情？

你的日程表上刪除了某件帶給你生命的事情，好騰出空間給某件必須去做，但也許沒有帶來那麼多生命的事情嗎？

如果這些問題很難回答，可以考慮請你身邊的人代你來回答。也許他們會看到某些你自己無法看到的東西。帶著所有這些你已經命名的事物，或是你要求別人為你命名的事物，坐下來一會兒。如果你在回答任何一個問題或全部的問題時遇到困難，那麼這就是你今天所在之處。這沒有什麼好羞恥的。

# 禱告

父啊，幫助我們知道我們現在所在之處，然後幫助我們與現在的自己同在。

在我們的軟弱、渺小、筋疲力竭、不安全感、疑問中與我們相遇。

當我們從所在之處前進時，幫助我們在未見祢時就信祢。

但願我們不求奇觀、奇蹟，或神蹟。但願我們簡簡單單、安安靜靜地靜定而知曉。

即使我們外面的人是忙碌的，不要讓忙碌淹沒我們裡面的人。

提醒我們緩步前進。

讓祢的平安在我們心裡做王。

在混亂中使我們安靜下來。

主啊，在祢的憐憫中垂聽我們的禱告。

# 練習：獨自散個步

本週找個十五分鐘的時間，獨自散個步。最好是到外面，但這裡沒有所謂的錯誤。無論你住在繁忙的城市街道，還是住在一個充滿孩子的社區，或是住在安靜的鄉間小路，十五分鐘的散步都可以為你的靈魂帶來很大的好處。

這個練習沒有規則要遵守，但當你練習以步行的速度走路時，這裡有幾個建議。首先，不要帶著你既定的目標來散步。不要期望短暫的散步回來後就可以浮現新的觀點、得到神奇的平安、得到答案或訂出計畫。

第二，把你的耳機留在家裡。緩步慢行，聆聽周遭的世界，而不是讓音樂或播客將你的心思帶到別的地方，這樣做會有好處。讓你的雙腳在人行道、草地或碎石子路上的節奏敲擊出平安的旋律。專心聆聽社區的嘈雜聲吧，就這麼一次。看看你可以聽到什麼：遠處的車行聲、鳥的歌唱、吠叫的狗、頭頂上的飛機。給自己一份禮物，與存在於你日常生活空間的事物、與這個空間的所有這些平凡無奇的聲音同在。

最後，當你注意到周遭環境時，你在自己裡面又看到和聽到了什麼？

# Part 3

# 找答案
## ——找到你的安全感與自信心

當我們做決定時，總是詢問很多人的意見，但最後還是做出了錯誤的決定。
你可以傾聽，也可以訴說，然而最重要的是，你必須先找到自己的安全感與自信心。

第十三章

# 不要急著得到清楚答案

神的想法並不總是顯而易見，而祂們總是比我們所能想像的更加聰明。即使同樣的情況也許曾發生過許多次，但神可能會有一個不同的想法，而且更好。所以我們每次都請求得到神的指引是明智的。——簡・約翰遜，《當靈魂傾聽時》

我們搬進現在住的房子已經十年了，但我仍記得主臥室內那面粉紅色牆壁和紫色邊飾，以及從地板到天花板都是鏡子的客廳牆壁。基本上，雖然即使是電視劇《歡樂家庭》裡的媽媽都會說這裝潢過時了，但我們買下這棟房子是因為對它的未來有個異象。我們要等到重新裝潢完成，所以買下它好幾個月了卻還未搬進去。當時我的雙胞胎才四歲，她們的弟弟還不滿兩歲，在重新裝潢的幾個月裡，我會在清晨孩子們都睡醒之前開車穿過小鎮到我們的新房子，讓他們在約翰上班前享用他的晨光咖啡時繼續睡。「我不會去太久。」我說，然後我會把車開進車道，走進空蕩蕩房子的後面，飄著木屑的溫暖陽光用希望照亮了日光室。我將身體靠在樓上一間臥室的門柱上，我愛光線在硬木地板上鋪成的長長線條。我可以想像地板上四散著五顏六色的塑膠玩具、柔軟的玩偶和硬卡書的樣子。牆壁甚至還沒粉刷，房子離完工還有段距離。但我還是可以看見它完成的樣子，即使我還無法真正地看見。

在過去幾年，我一直對一些個人和工作的相關計畫有些想法。就像這房子，我甚至可以在還沒看見它們時，就看見了它們的樣子。有些計畫我已經取得進展，有些我還無法向前推進。但是有一個特別的想法我還沒有認真對待。不是因為缺乏這件事情該做的動力或信念。而是我有一種清楚明白的感覺，知道我需要等待，就像有隻手在我面前伸出來。那圖像不是像一個警察在說：「**停下，你還不能過去。**」而更像是一個母親太用力地踩了煞車，因此本能地將她的手臂伸到副駕駛座前。大概是像那樣，但沒那麼慌亂。更溫柔些。我很清楚要等待，但不清楚為什麼。

關於這個想法，我已經走過了展開新計畫的所有熟悉階段——談話、禱告、腦力激盪、寫下我的筆記和想法，以及關注我周遭和內心世界中與這個主題相關的一切。但事情似乎遲遲未有進展。有時我會感到不安，**是我太懶惰了嗎？是我一直在拖延時間嗎？我害怕了嗎？被嚇到了嗎？還是我只是不知道如何進行這個計畫？**這時，懷疑就開始跑出來了，懷疑是否這計畫根本就做不下去；也許我大錯特錯，或是有一部分錯了，或是我錯得足以讓我停滯不前。當下一步還不清楚時，最合理的結論往往就是懷疑。**也許我根本不知道如何聆聽神的聲音。也許這一切只是我自己的想法。**

很多時候，我們在某處尋找指引，一個跡象、一句話、一個鼓勵、一場談話。神透過聖經、在禱告中，並且常常也透過其他人向我們說話，但我知道，祂向我說話的另一種固定方式是我最常否定的，那就是透過來自我內心的聲音。好消息是我終於學會了信任那個聲音。

只要我們想，就可以走上那條由懷疑和質問鋪成的道路。但懷疑出現了，不代表你就必須讓它們繼續待著。如果它們不受歡迎，就不會賴著不走。相反地，當那些懷疑和沮喪的不速之客出現在我們腦海中時，何不為它們指出大門的方向呢？

讓我們在心裡為新的想法騰出空間，讓勇氣、希望和信念的想法可以長住下來。我明白了那個靜定的微小聲音並不是年齡、智慧或信心的聲音。當然，這些聲音是傾聽那個聲音的結果。但它們本身並不是源頭。

神經常以這樣一種規律而熟悉的方式說話，因為它太過正常，所以幾乎很難將它指出來。我們尋找煙火、信號或來自某個地方，而不是來自我們自己的確認，以為祂的指導不可能來自我們。但是祂不斷提醒我們，祂安家在我們的心裡，而祂經常從那裡發出聲音，讓我們聽見祂。

如果你因為某個特別的決定而心煩意亂、不知所措，無法清楚地思考它，你很容易以為是你的過程或者是你自己有什麼地方出了錯。這裡有兩件你可以放手的事情，這會幫助你邁出正確的下一步。

一，**放開你的時間線**。我最喜歡的關於做決定的建議之一來自瑪莉・佛萊奧（Marie Forleo），她指出，不要急著得到清楚答案。① 你急於做決定可能不是因為現在就有必要這樣做，而是因為它讓你覺得很煩。這是合理、可以理解，而且完全有道理的。但為了給自己一個空間來接受清楚的答案，也許你需要放下對於它應該以特定方式、在特定時刻來到的期待。這可能很難，尤其當你不習慣一下將這麼多東西放在心裡卻又無法對它們做什麼時，更是如此。

許多圍繞著我們工作與生活的說法是，如果你有一個想法，卻沒有付諸行動，那就意味著你正處於某種恐懼、不安全感中，或是代表你不成熟。圍繞著這個主題的建議說你只需要低下頭，再喝杯水，然後開始工作！但是那些進展緩慢的工作怎麼辦？

那些需要多年醞釀才能成形的想法怎麼辦？

那些需要黑暗及時間才能深深扎根在你心裡的事工怎麼辦？

那本只想一字一句慢慢從你內心流淌而出的書怎麼辦？

那個需要一個緩慢穩健基礎的事業怎麼辦？

你的異象是否足夠強大，能帶領你的靈魂穿越此刻所處的迷霧？

如果答案是否定的，你願意傾聽那個靜定、微小的聲音，相信它告訴你的是實話嗎？

你能夠在等待中守住信仰嗎？如果現在還不是做決定或行動的時候，那就練習每天都放下你的時間線。但也許這不是問題所在。也許時間已經到了。這會帶出我的第二個建議。

二，**放下你對確定性的期待。**我前面提到了瑪莉·佛萊奧，而我完全相信她是對的：**清楚的答案是急不來的。**我們必須**有耐心**。但矛盾的是，你知道她還說了什麼嗎？「清晰來自行動，而不是來自思考。當你採取行動時，你自然就會知曉。」②我們必須行動。當你傾聽生命和聖靈的心跳時，異象將隨著工作的完成而逐漸完整。即使你還無法看見它，你將開始看見它。

〈箴言〉第二十章第二十七節說，「人的靈是耶和華的燭，鑒察人的心腹。」如果你想到手裡拿著一支蠟燭，你就知道如果走得太快，火焰會瞬間熄滅。你的步伐必須緩慢、慎重，也許你在走路時甚至得幫這蠟燭擋個風。所以，現在，在燭火仍點燃時，步伐請輕緩，並不斷問你的朋友耶穌下一步該怎麼走。如果他住在你裡面，那麼這就意味著甚至是現在，他也會透過他的神聖話語、他的人以及你內心最深刻的渴望說話，因為你在他面前坦承了這些渴望。信任那個來自你內心深處的聲音。如果你內心有個渴望或異象正在逐漸形成，或者如果你有個想法、計畫或工作，即使你還無法看見它，但你還是能看見，**繼續前進吧**。步伐輕緩，仔細聆聽。讓那支蠟燭燃燒。

現在我們已經住進我們的房子快十年；我們在它的彩牆間建立了生活，而我所有的異象都變成了現實。重新裝潢一完成，那個臥室地板散布的東西就從塑膠玩具變成芭比娃娃、風火輪小汽車、指甲油，以及現在的鼓棒、排球，還有一千雙配不成對的耐吉菁英籃球襪。這是個緩慢的工作，建立一個生活。但未來總會到來。

## 禱告

閱讀〈詩篇〉第三十七篇第二十三至二十六節作為你的禱告：

義人的腳步被耶和華立定，他的道路，耶和華也喜愛。
他雖失腳，也不致全身仆倒，因為耶和華用手攙扶他。
我從前年幼，現在年老，卻從未見過義人被棄。
也未見過他的後裔討飯。他終日恩待人，借給人，
他的後裔也蒙福。
這是神的話。感謝神。

## 練習：放手

如果你一直在尋找清楚的答案，卻沒有得到，是不是放下你的時間線的時候了？你必須現在就做這個決定嗎，或是你可以等待？

如果做決定的時間到了，放下你對確定性的期待。你可能需要在覺得自己準備好之前就邁出正確的下一步。請求神引導你，然後在你行動時信任祂。請放心，當你向前邁進時，祂與你同在，在你邁出每一步時持續與祂交談。

第十四章

# 停止收集大師

耶穌的愛會讓你對自己的呼召有個日益清楚的異象……你越是被呼召去為神的愛說話，你就越需要加深心裡對這份愛的認識。你的外在旅程去得越遠，內在旅程就必須走得越深。——亨利・盧雲（Henri Nouwen），《心靈愛語》（The Inner Voice of Love）

當我坐下來清理電子郵件收件匣的那天，我的決定疲乏來到了最高點。但我感覺這是我可以控制的一件事。很快地，我就意識到收件匣正在告訴我一個故事，它隱藏著一個我意想不到的壓力來源。最後，我放慢步伐，給予它足夠的傾聽時間。我在想你的收件匣是否也在告訴你這個故事。這是我的故事。

當我過濾著已讀和未讀的對話框時，一個模式開始浮現。我收到了來自Instagram教師、企業教練、一位教新書發行的先生、一位教課程開設的女士，以及一位指導我整理房子的人的電子郵件。我收到測試和測驗的結果及後續結果，這是我在一整年中針對我的性格、髮質、行銷及穿衣類型所做的考試及測驗結果的來信。

我喜歡網路世界，原因無它，因為我們可以隨時學習任何想學習的東西。我是線上課程和教學的忠實粉絲。我上過的課程幫助我重新打造自己的事業與福音事工，我的線上教學也為我的家庭帶來了寶貴的收入，更不用說，從這份我感覺自己被呼召去創造的工作，以及與從中受益的人們的互動，我得到了深刻的滿足感與個人成就感。

我也從各種個人評估得到了對於自己的重要認識。我現在會購買真正適合我身材的不同類型衣服，因為我上過的一個課程幫助我了解到這點。我也學到了關於新書發行、行銷、整理，以及其他無數事情的訊息，這些都是無價的。無論過去或現在，這些老師都為我的生活帶來了珍貴的東西，值得我花費時間和精力。

但是在那個下午，當我坐下來清理收件匣時，我意識到在二〇一六年這一年，我就已經開始收集大師了。所有這些專家都是在我認為可以利用他們提供的專長時來到我生命中（或是我求助於他們）。當我爬梳收件匣，瀏覽過所有的建議與指導、結果與評估工具時，我注意到我的呼吸變得急促起來，頭也開始痛了。問題不在這些課程或是一串串的電子郵件往返，或是結果更新。問題是我一次做太多事了。我想要同時傾聽太多的聲音。

我感覺自己被呼召去從事並獲得收入的工作是幫助你為自己的靈魂創造一個呼吸的空間。但如果我沒有同時擁有自己的生活，謀生這件事就毫無意義了。我發現有件事可以幫助我在焦慮出現時更充分地擁有自己的生活，那就是進行盤點。我沒有像我傾向的那樣迴避這件事，相反地，我選擇了這本書所基於的那種簡單的靈魂式練習：即靜定並沉默下來，為靈魂創造小小空間，詢問神祕需要我知道什麼，在最後為尚未得到名字的事物命名。而在這個情況中，我需要為收件匣告訴我的故事取個名字。當我做這些簡單的事時，可以明顯看出我有太多大師在跟我說話了，但原因卻不是這麼清楚。

我花了點時間自己這個問題，當我這樣做時，答案直接而毫不遲疑地出現了。在我生命中的那段特殊時期，我正在一些特定的領域尋找清楚的答案，而我希望這些訓練中有一個可以幫助我找到它。我需要幫助來澄清我持續感到迷茫的未來異象。這對我而言有點像是個可以預測的模式。當我覺得沒有安全感或缺乏目標時，很容易去抓住別人的安全感和信心，希望我也能沾染上一些他們的清晰明確感。事實證明，尋求專家的最佳時機不是當你需要異象時，而是當你需要計畫時。這時，去找個老師和導師是個很棒的主意。你只是需要按照正確的順序來做這些事而已。

當我在建立清晰的異象之前就開始尋求幫助時，這樣做會讓我感到焦慮、不知所措，而且情緒低落。如果我沒有異象、目標或意圖，那麼如何得知自己接下來該採取那些步驟才對呢？

你可能也有自己的大師收藏，證據可能出現在你的收件匣以外的地方。也許是你常瀏覽的網站、你讀的書、你訂閱的播客，或是你追逐的真實生活中的人。所有這些都有價值，可以帶來激勵，並以某種方式提供陪伴、觀點、娛樂或教育。同樣，問題可能不在於這些老師本身，而是關於他們出現在你生命中的時機。

也許有些空間，無論是網路或其他方面的空間，總是能鼓勵你，但是當你正在進行某個特殊計畫，或正經歷艱難的分手過程，或因父母或任何可能的失去而感到悲傷時，那些過去為你帶來好處的地方可能會（暫時）變得對你沒有好處了。誠實面對這一點是很重要的。下面是一些可能的例子。

你可能追蹤某個藝術家、作家，或某個人，對方從事的工作或生活與你相似，你平常喜歡閱讀她的動態消息、幫她的發文按讚，你在那裡得到了鼓勵。但是當你在生命中的這個特殊階段正艱難地嘗試做出一個決定時，你可能需要有意識地忽略那個空間，以便完成你自己的工作，無論那是你為實際從事的工作而做的，還是你在靈魂層面的工作。

這也許意味著你要將她的動態消息關掉，甚至停止訂閱她一段時間。這不代表你不成熟或小心眼。你有一千個不同的理由可以這樣做。這不代表你不喜歡這個人，不再欣賞她，或是你永遠離開了。你只是需要一些幫助來看清什麼是你正確的下一步，而這個動態消息、這個個人檔案，這些更新無法幫助你做到這點。

你比任何人都更了解自己。也許你的下一件對的事只是遠離（即使只是暫時的）在你生活中造成焦慮的那些照片、標題、圖像或更新而已。但這是雙向的。請牢記，在某些時候，你可能也是某個人需要忽視的大師。盡量不要往心裡去。

當我們覺得沒有把握、猶豫不決或有疑慮時，有時會很想參考周圍的人，並把這種行為稱之為「做研究」。對我而言，那幾乎總是造成了某種形式的誇大不實。這樣做讓我無法清楚地看清什麼是下一件對的事。我誇大了別人的技能、成功，誇大了他們的日程表。當我處在那個狀態時，很容易相信其他所有人一直都是贏家的迷思。我知道那不是真的，因為我是個成人了，但我的身體仍然會做出焦慮的反應，即使我不希望它這樣做。我感覺在一場我甚至沒有意願參加的比賽中落後，更別說是成為贏家了。

正如約翰經常說的，「你要注意你注意的事物。」當你這樣做時，可能會留意到你的身體對某些人的語調或他們總是分享的照片的反應方式。與其注意他們的目標和計畫，不如注意你是如何注意他們的目標和計畫的——仔細去感覺，想想它是否在你的生活中造成了一些焦慮。如果答案是肯定的，你知道該怎麼做。

你需要選擇大師、老師或導師，他們會提供與我們對自己的生活、工作和福音事工的既有異象相協調的計畫。如果你不知道要去哪裡，具體方向就不會對你有真正的幫助，除非你看見了更大的圖像。如果你像我一樣覺得挫折，在不同方向之間莫衷一是，那可能是因為你在知道或理解到你希望的目的之前，就已經在尋求關於這趟旅程的建議了。

如果你一直瘋狂地在自己之外尋求計畫的幫助，卻覺得沒有把握、沒有方向，也許你真正需要的是在自己的內心安靜下來，傾聽自己的異象。異象和目標必須首先來自內心的寧靜之地。只有這樣，才能尋求洞見，看清什麼是符合我們異象的正確的下一步。這不是說在能夠知道正確的下一步之前，我們會先看見一個清楚的人生計畫。那是只做下一件事的全部目的。但是我太常遇見的情況是走到了另一個極端，尋求外在的聲音來告訴我那些只能來自內心的答案。

在那個週末，我得到收件匣的故事的啟發後不久，就接受了自己的建議。我安靜下來並散了個步。我不再用盡全力尋求清楚的答案，而是接受了與耶穌為伴的邀請，不是為了我的計畫，而是為了享受他的同在。

與他同在會產生的自然結果是我會記得自己是誰。我記得天父是多麼喜愛我，無論發生何事，祂都將與我同在。我很感激我們一起發掘的異象，並感覺自己已經做好了準備，可以去尋找我需要的大師、導師與老師，幫助我制定一個有意義的計畫。

# 禱告

當我們努力尋求答案時，請成為我們唯一確定的事物。

我們相信祢，祢是我們的老師。

向我們揭露收件匣、信箱、書架和報紙想要告訴我們的故事。

幫助我們注意我們注意的事物。

在祢面前，我們可以安全地看見並說出真相。

讓我們看見我們在哪裡瘋狂地抓取指引，用祢的光代替黑暗的道路，用祢的平安代替迷茫的未來，用祢的信心代替我們對安全感的渴望。

將我們在旅程中需要的導師和老師帶到我們身邊。

但願我們有智慧相信內在的聲音，因為我們在愛中與祢聯結為一。

# 練習：清理你的收件匣、信箱、書架

與你的電子郵件信箱來個約會，或者如果這樣做更有意義的話，也可以與你的辦公桌、書架、日曆或社交帳號來個約會。你的工作是注意但不論斷。忍住一開始就要下結論的衝動。只要留心這些東西要告訴你的故事，並對其感到好奇即可。這些大師、老師和導師可能會有些了不起的東西要教你。我們的作業不是擺脫他們。時候還未到。相反地，作業是看清現在是不是他們出場的時機。想一想下面的問題對你會有幫助：

- 在接下來的三個月裡，你的生活中將發生什麼？
- 在這段時間裡，你可以合理地優先處理哪些事？
- 這趟旅程你需要什麼實際的幫助？

第十五章

# 聚集共同聆聽者

這是神對我們的愛，祂不僅給我們祂的話，還借給我們祂的耳朵。因此當我們學會聆聽神說話時，我們也為我們的弟兄做神的工作。基督徒，尤其是牧師們，往往認為他們和其他人在一起時，就必須貢獻些什麼，以為這才是他們得提供的服事。他們忘了，傾聽可以是比說話更大的服事。——迪特里希・潘霍華（Dietrich Bonhoeffer），《團契生活》（Life Together）

在上一章，我和你們分享了我意識到收件匣正在告訴我的故事——當我在生命中缺乏清楚答案的一段時期，曾經把一件好事做過頭了。我在收集大師。我在錯誤的時間尋找正確的老師。

儘管我們真的常常需要老師和導師來幫助我們採取正確的下一步，但我卻往往急於尋找其他的聲音，而不是花時間靜下心來，傾聽自己與神的聲音聯結為一。我認識到一件很重要的事，必須首先在獨處與靜默中細心打造一個異象或一個更大目標，接下來才是去尋找能夠幫助我制定計畫並實現那個異象的老師。

如果你有一個大的決定要做，而你已經花時間安頓下來，傾聽自己生命的心跳聲，你可能還是無法對接下來會發生的事感到放心。我們生命中一些最好的老師經常是我們忽視的人。我叫他們為共同聆聽者，他們比一群大師還要有用太多。以下說說我是如何找到我的老師的。

更早之前，我已經告訴過你關於約翰辭掉他的工作後發生的事了。我不會在這裡把整個故事再說一次，因為之前已經說過了，但我會概述一下重點。當時約翰和我正處在一個職業轉型期，我們正在尋找答案。但我們持續感覺到神引導我們回到彼此身邊。在這段艱難的時期，我們想要答案，得到的卻只是許多的箭頭。而事實證明，這些箭頭將我們帶回家，只是與我們所想的方式不同。這就是故事的大概，但現在我想要說完我遺漏掉的部分內容，因為帶領我們踏上這趟旅程中的其中一個箭頭直接指向了我們的社區。

那段時間回顧起來就像個迷宮，看起來很正常，但是當我們試著走出它時，卻發現終點也是起點。我們不斷從進去的那條路走出來。我們再接再厲，以為可能在沿途中錯過了什麼，但它卻總是將我們帶回到最初的起點。在不知道接下來將發生什麼事（甚至比我們每天面對的典型的那種不知道會發生什麼事還要多）的過程中，我們跟隨著箭頭度過了失去約翰父親的悲傷，箭頭將我們指向彼此，箭頭將我們指向神的心，而最終，箭頭將我們指向了我們當地的社區。

當我們不知道下一步該怎麼做時，決定找幾位我們深愛的人們到家中來，讓他們聽聽我們說話，然後看看他們有什麼話想要回應我們。確切地說，我們並不是在尋求建議，雖然我們願意接受人們的建議。我們知道最好別尋求答案，雖然一直希望得到答案。我們只是不想感到如此孤獨。我們希望深愛並信任的人們可以聽聽我們的想法，看看我們是否遺漏了什麼顯而易見的事物，當我們感到不確定時與我們在一起。於是，我們做了一張清單。

首先，我和約翰分別將我們想到的人名寫下來。這樣做是因為我們不想只是詢問最親密的朋友，但是當然了，他們之中的一些人也在我們的名單上。我們接著比較了名單，發現我們寫下的名字基本上是相同的。對我們來說，重要的是納入處在與我們不同生命階段的人，那些比我們年長的人，以及與我們有著不同觀點的人。

碰面的那天晚上，我們坐在客廳裡，我聽著約翰向這群我們信任的朋友們訴說他的悲傷、他的渴望，以及他對未來的希望。他們傾聽。他們理解。他們看著我們也聽著我們，他們問我們問題、為我們禱告，並與我們在一起。他們也同意幾個月後和我們再次碰面。

當我們持續去做生活中的下一件對的事：早晨一起禱告、送孩子上學、寫作、閱讀、上雜貨店時，最終，實際上是那個指向社區的箭頭將我們帶到了關於職業的答案面前。正是在與我們的共同聆聽者的這幾次會面中，約翰的下一步變得清楚。在當時，我們感覺那就是目的了。但是隨著時間流逝，我明白到那部分其實是次要的。有時你看似在原地打轉，或是往錯誤的方向前進。但我認識到決定本身很少是真正的重點。重點是在神面前成為更完整的自己，與祂連結也與彼此連結，在祂是美善的信念下活出我們的生命。重點是誠實面對你的處境與需求，然後在你的社區中尋找那些可以與你同行，而你也可以與他們同行的人。

我花了許多年的時間希望人們支持我，直到後來才意識到，當我在等待某樣東西自己上門來時，其實我完全有能力自己出門去得到它。我相信神更關心的是我們正在成為什麼樣的人，而不是我們最後的決定。無論我們是就業還是失業，受到激勵還是感到沮喪，充滿異象還是在迷霧中摸索，我們的天父只想與我們同行，勝過一切。祂向我們展現祂的同在的最常見方式是透過其他人的實際物理存在。

我們為了辨明方向而刻意將人們聚集在一起的方式未必適合每一個人，但如果你正處於生命中的過渡期，或者面臨重大決定，而你感覺陷入困境，在一些你信任的人面前聽自己說話將會很有價值。

將一群人聚到你身邊來傾聽你說話並不是什麼新的想法。我們之中許多人在家裡與一小群朋友，或是教會中和小組或社區小組，都會很自然地這樣做。一些信仰傳統將這作為固定實踐的一部分。

當約翰和我聚集一群我們稱為「共同聆聽者」時，我們從未聽過貴格會的澄心委員會（Clearness Committee）做法，但他們運用的澄清思慮步驟，一種旨在汲取他人智慧的傾聽方法，確實與我們所做的事有一些共通點。被任命為澄心委員會的人的工作，是幫助一個人發現是否有某種明晰的理由可以推動某一特定的事物，他們是否應該等候，還是應該採取其他行動。貴格會長老、作家及社會行動者帕克・巴默爾（Parker Palmer）將這個委員會形容為貴格會對於如何處理個人問題及難題的答案。他們沒有神職人員的領導者，因此他們只能轉向彼此。①

如果你正處於過渡期，希望聚集自己的共同聆聽者小組，以下有一些簡單的事情必須牢記。

**一，有意識地去做**。人們也許會傾向低調地進行這件事。為何不在固定見面時間的前後直接和你的朋友或社區小組談談就好？好吧，你可以兩者都做。但是專門為了傾聽、提問和反思而將人們聚集起來的做法是很有力量的。至少這將迫使你深入思考你在這個過渡期間正嘗試想清楚的問題，因為你會希望自己準備好接收共同聆聽者的提問和洞見。邀請那些不是只想說給自己聽的人，而是深思熟慮、善於提問的人。在我們的情況裡，我們的共同聆聽者聚集是隨意的、對話式的聚集。然而，儘管我們並不完全明白在做什麼，但它還是帶來了極大的幫助！

**二，共同聆聽者不需要認識彼此，但他們都需要很了解你**。他們需要是你感到足夠安全的人，這樣你才不會擔心他們會對你那些糾結、怪異、不安全的恐懼做出評斷。人數不需要很多，即使只是兩個人和你坐在一起、聽你說話，並願意問你一些問題，都能提供你許多的幫助與支持。要跨出你常態、日常的人際圈。你可能會驚訝你想到了誰。

最後，你必須詢問他們。我知道這似乎是顯而易見的，但也許你需要這個實用的提醒。把手伸出去。說出你的需求。不要抱歉。如果他們無法和你見面，讓他們拒絕。當你們見面時，尊重他們的時間。排一個寬鬆的行程，盡可能誠實，盡量不要引導意見的走向。

請求要簡短、切中要點，並要告訴他們你不指望他們給你答案，只是希望得到他們善意的傾聽，幫助你做出這個決定或度過這個過渡時期。告訴他們你邀請了幾位你可以信任的人，他們會聽你說話、幫助維持你的信心。你也可以請小組的成員直接問你問題，而不是給你建議。

現在，你可能一直是用半信半疑的心情在閱讀這一整章的內容。也許這聽起來太困難，或是有點好得不像真的。記住，這整件事不需要太過複雜花俏。他們不需要是你在這世界上最要好的朋友。也不一定要一大群人。如果你正面臨一個重大決定卻手足無措，這只是給你的一個建議。

我現在要說的是一些我無法充分證明，也許和我們一生聽到的事相違背，但我與我們的父神、我們的朋友耶穌以及住在我們裡面的聖靈同行越久，我就越有一種感覺，祂不是那麼關心我們決定的結果，至少不是以我們的方式來關心。但祂會歡喜知道我們所背負的決定正讓我們走向社區，而不是遠離社區；正引導我們更多而不是更少地依賴他人；正使我們擺出傾聽的姿勢、滿懷著得到答案的期望，將臉轉向祂。

如果一個艱難的決定能夠做到這一切呢？也許我們就不必那麼害怕這些決定了。也許我們就不需要擔憂接下來會發生什麼了。相反地，我們可以在心裡安頓下來，接受**現在**正在發生的事，在我們的內心，在喧鬧的表面下，在靈魂的靜謐之處。

如果你正站在轉型的十字路口，不確定該走哪條路，當你在生活中尋找你的陪伴支持者時、當你成為別人的陪伴支持者時，振作起來吧——主始終與你同在，祂住在你裡面，在你身邊，在你前方。祂從不失去耐性，從不生氣，從不因你而不知所措。祂不挫折、不厭煩，也不害怕。祂對你滿懷憐憫，祂以愛為旗在你之上。

# 禱告

當我們尋找傾聽我們的人時，提醒我們什麼是最重要的。

決定、計畫或清楚的答案均不是重點。

重點是始終與祢聯結為一。

我們要記住，即使在不確定中，祢仍誠信真實。

幫助我們找到能夠讓我們想起祢的人，使我們成為像祢那樣的傾聽者。

## 練習：列出共同聆聽者

想一想，在你的生活中，有哪些人具有一些（或全部）這些特質，這些人會：

- 提出深思熟慮的問題
- 傾聽答案
- 不會小看你或說些讓你覺得愚蠢的話
- 不會將自己看得太重
- 但是足夠看重你

最後，列出一個簡短的名單（也許四到八個），這些人是你會考慮邀請他們加入你的共同聆聽小組的人。考慮你教會的人、大學時的朋友、鄰居、家人、你欣賞的夫婦，或長期的家庭友人。如果你誰都想不到，也沒有關係。現在你知道該尋找什麼了。

第十六章

# 選擇你的缺席

我們這個數位時代的最大騙局可能是一個謊言，它說我們可以無所不能、無所不知、無所不在……我們必須選擇我們的缺席、無能及無知——並且明智地選擇。——凱文・德揚（Kevin DeYoung），《忙瘋了》（Crazy Busy）

她的餐桌一年只有兩次會清空——聖誕節當天和復活節的禮拜天。莫蘭（Morland）奶奶的桌子每隔兩天就會堆滿一疊疊的報紙、信、帳單、筆記本、照片、雜誌和那些厚得不可思議的西爾斯目錄（Sears catalog）。如果我們想吃奶油餅乾或香料鹽口味爆米花，就會輕輕把一疊紙推到桌子中間，挪出剛好的空間給我們的小紙巾。

如果你的靈魂曾感覺就像莫蘭奶奶的餐桌一樣，我希望閱讀這本書的過程是種練習清理它的方式。因為有件事我很確定，那就是無論是要實現那些重要的事，或是要徹底弄清楚到底哪些事重要，你都需要時間和空間。

我在一個人身上最看重的品質之一就是善於傾聽。如果我知道你是個善於傾聽的人，我對你的尊敬就會立刻增加。如果你不看我的眼睛或是看起來心不在焉，我也許仍會喜歡你，但我可能不會信任你，而且我肯定不會向你吐露心事。我想這對大部分的人而言都適用。這就是我渴望擁有更多的品質之一為何是**臨在感**（presence）的原因。

當個有臨在感的人一部分意味著關注你周遭發生的事情——無論是在你生活的地方，還是生活在那裡的人之間發生的事。如果你想成為一個有臨在感的人，關注你裡面發生的事情也很重要。但你無法一直臨在所有的事情。培養臨在感的一種方式可能聽起來違反直覺——透過你的缺席來培養臨在感。不是你對人或對責任的缺席，而是你對那些讓你遠離周遭的人以及你責任的事物缺席。特別是有件事情可能會給你帶來不小的壓力並造成分心。是什麼？

這件事叫做**機會**；事情是像這樣開始的。它可能出現在一封電子郵件中，通過一場員工會議的對話，通過文字、私人訊息、個人邀請，或（老天哪）一通電話而來。無論機會如何到來，它們都會邀請你去做一些你從未計畫或預期要做的事情。也許你被邀請參加一趟旅行、在會議上發言、參加一個小組、申請一份特別的工作、在董事會任職、寫專欄、教課，或擔任課堂上的志工。我打賭在我列出這些事情時，你已經有了一些想法。

每個新的機會似乎都有某種潛力，至少乍看之下如此。對於某些性格類型的人尤其如此。我們都在希望的地平線上尋找，這個機會可能會為我們帶來什麼、定義什麼，或證明我們是什麼樣的人。這些在表面下徘徊久候的看不見的問題將它們的手舉得老高，似乎終於得到了一些答案，這些問題是：**我具備這個能力嗎？我是被需要的嗎？我屬於這裡嗎？**有那麼一瞬間，這個邀請似乎響亮地喊出了它的答案：**是的！**你接到徵詢、被選擇並且受邀了。你被看見了，你是有價值的。來吧！來幫忙吧！來教課吧！來帶小組吧！來當志工吧！

如果你已經不清楚或確定自己的呼召，你可能會傾向於對這些類型的機會說「是」。但隨著時間流逝，這類反射動作的「是」會產生負面影響，它們可能是你目前決定疲乏、在生活中缺乏真實存在感的隱形凶手。

有些很棒的機會確實是——很棒，這是真的。甚至是棒極了。我不是要在這裡告訴你要缺席很棒的機會。但是某個人把一個想法說成很棒，並不代表它就真的是很棒的。每個機會都不是生而平等，你可以和神一起決定一件事對你是否有好處。

當機會出現時，花點時間思考這個機會究竟會帶來什麼，並將它說出來。當我們讓事情維持在含糊不清的狀態時，它們往往看起來很棒。當機會來臨時，你可以問自己以下這些問題。沒有正確或錯誤的答案，根據你的情況，有些問題會更相關些：

你會因此得到報酬嗎？

預期是明確的嗎？

你真的會喜歡它嗎？

這是你一直想要做的事嗎？

它是否涉及一段有意義的夥伴關係？

如果你在一個有許多人的房間裡，有人號召人們出來做這件事，你會舉手志願參加嗎？

如果這個很棒的機會不會讓你得到報酬，會讓你花費難以衡量的時間，無法清楚定義，或者不是你真正想去做的事，那麼它可能是你需要選擇缺席的機會。這並不容易，因為接下來，這句話將持續困擾你：「但那是個這麼棒的機會啊。」

當我們說這句話時，通常真正的意思是其他人會毫不猶豫地抓住這機會，當他們很想做這件事的時候，我怎麼可以回絕呢？但是其他人會想做這件事並不是你答應它的好理由。我知道這聽起來很像中學生的建議，但是當我真正審視自己的生活時，這是會讓我停下來的原因。你可以嘗試這個小小的練習，看看這個可能的下一件事是否真是你的下一件**正確的**事。

假設你欣賞的一名同事邀請你參加某個有聲望的活動（發揮你的想像力，想像這如何用在你自己的生活），做與不做完全是你一個人可以決定的。這是個你圈子裡的許多人會說是很棒的機會。

你心裡已經想到這是個什麼樣的機會了嗎？很好。現在請你完成這個句子：「我想要對它說『是』，因為它是個很棒的機會，可以＿＿。」

「它是個很棒的機會」其實並不是個完整的句子，至少在這裡不是。

一個很棒的機會，可以……**幹麼**？機會的字面定義是「使人有可能做某事的一系列情況」。如果這件事對你來說真的是個很棒的機會，你必須可以完成這個句子。

舉例來說，你可能可以用下列方式之一完成這個句子：我想要做這件事，因為它是個很棒的機會，可以……

看看這個世界
愛我的鄰居
學會一項新的技能
遇見新朋友
和我的孩子們在一起
與神同行
賺到一百萬美元
照顧家庭
玩得開心
發展我的事業

除了這些之外，還有無數理由都可以成為一個人做某件事的正當理由。

完成這個句子是一個開始，但這個練習還沒完成。例如，假設你做了這個小練習，你用這樣的方式來結束這個句子：「這個邀請將是我發展事業一個很棒的機會。」

你需要問自己的下一個問題是，現在這個人生階段是我要努力發展事業的時候嗎？這件事屬於我已經決定的當務之急嗎？這也許是件好事，甚至是對的事，但它是**我的下一件對的事嗎？**

如果是——那就去做吧！這聽起來對你是件很棒的事。但是請記住，只是因為向你發出邀請的人說這是個很棒的機會、只是因為它帶來某樣你可能希望發生的事，這些都不是你自動答應的好理由。當機會來臨時，你有機會（哈！）看清什麼是你珍視的價值，什麼是你的虛榮。

很多時候，我認為一件事**可能是**個很棒的機會，我答應是因為害怕錯過了這個機會。我也可能因為想讓所有人都知道我受到邀請而說好。不過，回想起來，十次機會之中可能只有一次會被證明是真的很棒。這不是精確的數學計算，但是當我想想我的收件匣和那些談話時，這數字似乎差不多。另外的九次「機會」最後會成為這三種事情之一：一份工作、一份義務，或是一個光榮的恩惠。我們把這些事情稱為機會是以為也許它們會帶來我們想要的東西，但是如果我們真的仔細檢視它們，往往就會發現那是個迷思。

再次強調，我不是說你永遠都不該答應這些事。我們有工作、有義務，也一直給予人們恩惠。但我們應稱呼它們正確的名字：工作、義務或恩惠。不要把它們稱為很棒的機會。

柏尼塔・莉莉（Bonita Lillie）是指導我寫作多年的一位女性，她透過遠距方式也面對面指導我。當你在考慮那些可能降臨到你身上的機會時，想想柏尼塔在多年前寄給我的一封電子郵件中寫下的這些話，當時我正努力看清我的下一件對的事。她和我分享了一些她的故事，她說的話至今仍能引起我的共鳴。

在寂靜中，當萬籟俱寂時，我聽見祂的聲音向我說話。祂在領導、指引、澄清及重新定義。我的異象變得清晰起來。這種清晰的認識使我得到了做決定的力量。我不再屈服或甚至歡迎每個擺在我面前的請求，我可以說，「我要做這件事。我只做這件事。我不要做那件事。」你是神給你的異象的唯一承載者。沒有別人。你是那個見到異象的人。相信你的異象。

這是個辨別力的練習，並不容易。當你開始透過這個濾鏡過濾來到你面前的請求時，也會開始知道何時該選擇缺席這些其實只是個迷思的絕佳機會，好讓你能夠出席那些對你而言最重要的事情。讓我們安靜下來，聆聽自己生命的心跳聲，而不是在我們之外尋找更好、更重要的機會。選擇你的缺席，這樣你的臨在才會產生更大的影響力。

這不是件容易的事，如果你害怕錯過機會的恐懼十分強烈，就更是如此。但如果你記得基督住在你裡面，他在你身旁、身後、前方，他會提醒你什麼是真正重要的事。問他，專心傾聽他。你可以決定你的工作。你可以決定你的步伐。你可以決定你的生活。這是何等的恩典啊。

## 禱告

我們承認，對權力的渴望能以各種極其有創意的方式來偽裝自己，一個絕佳機會的承諾就是其中的一種偽裝。

原諒我們是那麼常選擇自己的虛榮，而放棄自己珍視的價值。當我們在辨別兩者之間的差異時，成為我們的智慧。

保護我們遠離機會的迷思與錯過的恐懼。

## 練習：重新審視機會

我最喜歡的生活方式之一是專注地生活，並關注我的生活，但我發現如果將這兩件事的順序搞錯，在向內走之前先向外走，那麼我可能會在無意間為生活帶來壓力，並造成分心。選一個你正在考慮的邀請，並完成這個句子：「這會是個很棒的機會，因為它可以____。」然後誠實地回答這個問題：現在這個人生階段是你真正參與這個很棒機會的時候嗎？

第十七章

# 向拒絕導師學習

如果你極力不想讓他失望的人會因為你的拒絕而感到不悅，那麼即使你說「是」，他們最終也會失望的。——麗莎・特克斯特（Lysa Terkeurst），《做對選擇，讓生活變輕盈》（The Best Yes）

有時候，為了忠於你的生活、你的人、你的呼召，你需要拒絕其他人可能會認為的很棒機會，選擇缺席。你可以做一下上一章的練習，看看你目前的很棒機會是否其實只是個你現在無法承諾的大忙。知道這點是一回事，但實際說「不」又是另一回事。

當我對於拒絕感到困難時，就會去找我的姊姊麥奎琳（Myquillyn）。①如果你知道需要說「不」，卻沒有勇氣說出口，可以從一個拒絕導師身上受益。這是麥奎琳多年前想出的一個標題，一開始只是個玩笑，因為她總是告訴我不要做什麼。隨著時間經過，因為我會接受她的建議，我發現拒絕對我而言變得更容易了。再次重申，我不是只為了拒絕而拒絕，而是因為我拒絕的好事會讓路給我，召喚我去做很棒的事。當我意識到她的指導對我而言是如此珍貴時，這位「拒絕導師」的指導就成了我決定生活中很重要的一部分。我知道當我必須做一個困難的決定時，尤其當我傾向拒絕，卻沒有信心下最後的決定時，她總是在那裡提醒我珍視什麼、我是什麼樣的人、我有時間做什麼，以及我真正想做的是什麼。

拒絕導師是一種特殊的人。一般的導師會幫助你權衡決定，給予寶貴建議，而拒絕導師從一開始就帶著一個更強大的過濾器進入你的決定過程。最可能的是，這個人會幫助你做出選擇，從你已經知道該拒絕，只是難以承認的事情上缺席。與你的共同聆聽小組成員不同，他們扮演的主要角色是傾聽；你的拒絕導師會是個務實、直截了當，而且不會感到抱歉的人。浮華、迷人的事物無法阻止她；耀眼、膚淺的東西也無法迷惑她。她毫不留情地站在你這邊，將你的健康、家庭和工作放在心上。有時候，這個人也會說服你說「好」——但這很少發生，也不是常態。

如果你的生活中沒有一位拒絕導師，沒有一個朋友、姊妹或兄弟可以幫助你排除掉不必要的事物，那麼也許你的下一件對的事就是去找一個。以下是你要找的人。

**首先，你需要找一個在你想要做決定的領域，用你想要的方式來做決定的人。**就像你不會聽從一個穿衣風格你不喜歡的人的時尚建議一樣，不要聽從某個日程安排會讓你想要躲在咖啡桌下的人對於日程安排的建議。例如，當你正嘗試決定日程安排時，問那個老是遲到、慌慌張張、心不在焉的幼兒園家長的意見就是個糟糕主意。同樣地，如果你跟別人的精力水準不同，問那個對人和活動都有充沛精力的大忙人可能也不是最好的辦法。這看起來顯而易見，但我們往往會向最容易接觸到的人徵求建議，而不是考慮我們周遭的人是否真正示範了我們想要的那種生活。

**第二，你需要找一個了解你的人，而且他能夠以其他人可能無法做到的方式理解你決定的複雜微妙之處。**例如，我是個作家，有時候我會因此受邀參加一些很酷的事情，所以徵詢作家朋友或至少是對我工作有一定了解的人來擔任我的拒絕導師才會有幫助，而不是找一個因為那是件很酷的事情而叫我去做的人。我很幸運的是我的姊姊也是個作家，所以她能看穿機會的迷思，知道什麼時候事情可能對我有益，或是什麼時候只是**聽起來**很棒而已。在這裡，需要注意的是拒絕導師了解**你**並且理解**你決定的**複雜微妙之處。我姊姊經常建議我答應那些她自己絕對不會答應的事。但那是因為我們的天賦和目標不同。一個好的拒絕導師知道如何將她的事和你的事區分開來。

**第三，你需要找一個你可以推心置腹的人**。每個選擇都有個脆弱之處，無論那是個生命階段，還是你有某種特定的恐懼症，或是你和你的另一半針對某一特定課題的反覆爭執。你的拒絕導師必須知道整個來龍去脈，故事的醜陋、怪異及扭曲之處，這意味著你必須能夠信任她。如果她不知道整件事的來龍去脈，她可能會說，「對，抓住這個去夏威夷旅行的機會，認識認識那些很酷的人吧。」卻沒有意識到旅行如何讓你緊張個半死，那些很酷的人其實既縱容又殘忍，其中還有你的前男友，而你對陽光過敏！把這些都告訴她，誠實地告訴她。你的拒絕導師可以處理的。

**最後，你需要找一個尊重你但沒有被你折服的人**。這個條件很棘手，這就是為什麼我姊姊是我的完美人選的原因。她尊重我、愛我，將我的最佳利益放在心上。但是她沒有對我折服到以為我不可能犯錯，或以為我就是個這麼酷的人。她知道妳是她那個早就過了可以接受的年齡還在玩芭比娃娃的傻妹妹，妳不可能騙過她。

可能你的生活中已經有一個拒絕導師了。也許你的下一件對的事就是把它正式化。這不代表你得要求她成為你的拒絕導師。她可能甚至不知道你這樣稱呼她。當你陷入瓶頸，或是當你傾向拒絕某件事，但是需要人幫助你貫徹這個決定時，將你和她的談話納入你的正常決定過程。詢問她是否願意在你必須做出一個決定的過程中幫助你。

拒絕導師的工作不是在那裡阻止你去做想做的事。找到了拒絕導師也不是**你對不想做**的事情說不的藉口。我們是上帝國度的子民，從真正意義而言，我們的時間不屬於我們；它全部屬於神。問題是我們一直都誤解了這句話的含意。我們不是做個向內看，辨別神在哪裡帶領我們的人，而是環顧我們的周遭，做出超過我們負荷的承諾。當呼召我們的聲音呢喃低語，試著向我們說話時，我們沒有時間或空間可以傾聽。

一個拒絕導師的工作是在那裡幫助你，使你有信心對不是你真正想做的事情說「不」，或使你最終能在恐懼中找到那個強大勇敢的說「是」的聲音。我們都需要一個可以信任的朋友，他願意和我們一起深入我們的內在，聆聽我們，提供看法，幫助我們解決問題，或是在問題無解時感到好過一點。

當你越是按照你的拒絕導師的方式來處理事情，必然的結果是，最終你將學會成為你自己。也許你在這裡發現了一個模式，但是辨明你正確的下一步，一個很重要的部分就是認識及了解什麼是你真正想做的事。知道自己想要什麼不是自私；它其實對於做決定至關重要，因為它建立了信心、加速了傷口的療癒，也是給你所愛之人的一份禮物。知道自己真正想要什麼的最簡單好處是什麼？它幫助你透過對事物說「不」或「是」來選擇你的缺席，而不帶有任何焦慮。

我在上一章中提過柏尼塔，我在寫作上的導師。她很早就教導我，只有我能承載我的（商業、教養、職涯及福音事工）寫作異象，沒有其他人能做到。只因為你很擅長某事並不意味著你就應該開創一個事業來做那件事，包括寫一本關於那件事的書、通過你擅長的那件事來領導一個團隊、教那件事、得到關於那件事的學位，或是做和那件事有關的任何事。即使每個人都試著告訴你，你應該這樣做。即使你可以因為它而賺到很多錢。即使它很有道理。即使人們告訴你，你不做就是瘋了。只有你才能承載這個異象。你越是認識並傳達這個異象，就會越滿足，你的工作也會越有效。他人的智慧可能是個很好的東西，但是要知道，當你向一個或一群人尋求建議時，這樣做也可能帶來混亂與困惑。明智地選擇你的導師。

如果你現在還想不到任何人呢？那也沒關係。也許你的下一件對的事就是成為你自己的拒絕導師，祈禱有一個人能夠進入你的生活，他可以這樣與你並肩同行。不要因為你尚未擁有的事物而感到難過。事實上，保證可以讓更多拒絕導師出現的方式，就是成為別人的拒絕導師。

當一個朋友帶著問題、難題或困難的決定前來向你求助時，先退一步。多問問題，聆聽她的回答。聽她說了什麼，也要聽她沒說什麼。觀察當她說話時，她身體的起伏。聽她的語氣和她的藉口。看看當她談到這件事時眼睛是否發亮。她會看著你的眼睛嗎？她會很常用「應該」這個詞嗎？她聽起來受到罪惡感、羞愧或壓力的驅使嗎？考慮她的脆弱之處。與她的靈魂站在同一陣線。用她可能還沒有勇氣為自己站出來的方式，為她站出來。

## 禱告

我們的時間在祢的手中。
我們承認試圖用各種方式管理時間，而不是將它交給祢。
願我們不斷在生活中培養說「不」的勇氣，好讓我們可以對更多帶來生命的事物說「是」。
當我們長久以來堅持可以靠自己的力量生活時，請溫柔地對待我們。
請向我們指出那些導師，他們會提醒我們是誰，幫助我們在愛中看清下一件對的事。

## 練習：反思你的答應與拒絕

始終牢記，在神的國度，一切都是新造，包括我們的各種拙劣答應。即便如此，過去的選擇仍然可以幫助我們了解未來的選擇。
反思你生命的某個時刻，當時你答應了某件事，後來卻意識到這個答應或許並不明智。你當時答應的情況是什麼？在做那個決定時，有人鼓勵或勸阻你嗎？結果是什麼？
現在想想你對很多人也許會認為很棒的機會說「不」的那個時刻。你當時拒絕的情況是什麼？在做那個決定時，有人鼓勵或勸阻你嗎？結果是什麼？

第十八章

# 不要給你的批評者聲音

如果這匹馬死了，就該下馬。——克莉絲汀・凱恩（Christine Caine）

我們吃了酸種吐司、手工香腸、藍莓鬆餅以及加了粗糖的咖啡，早餐結束後，我們站在藍道夫街和格林街的轉角。那輛優步計程車停下，我們坐上車，和司機輕鬆地聊了起來。

「妳認識廚師薇薇安・霍華德嗎？」知道我住在薇薇安的老家北卡羅萊納後，她問道。

我告訴她不認識，但我曾在一場簽書會上見過她一次。「喔，沒錯，她確實寫過一本書。」她說。

後來知道，我們的司機也是個廚師，但她現在覺得自己筋疲力竭。開計程車滿足她對談話的需求，她選了一條遠路來穿過城市就證明了這點。當她和我的朋友夏南（Shannan）在前座閒聊時，我在手機的優步應用程式上打開了司機的個人檔案。老實說，我在想，她選上那條遠路帶我們看風景，這太過友善的決定是否會讓計程錶爆掉。優步計程車跟一般計程車一樣嗎？我記不得了，所以我想了解一下。當我還在瀏覽應用程式時，我注意到她的評價。

「妳的評價很棒！」我從後座說道，小心翼翼不盯著我的螢幕太久，以免坐在後座的暈眩不適找上我。

「是啊，我的評價很不錯。」她說。她跟我們說了一些關於開優步計程車的精彩有趣故事，她遇過的各式各樣的人，那些我們不敢相信人們會告訴她的故事。她似乎很喜歡她的工作、我們問的問題，享受我們這些聽眾對她的故事深深著迷的感覺。

「這是個好工作，」她說，「我從來沒遇上過麻煩。」她停頓了一下，然後說了這句話：「除了那一次的一位女士。」我的耳朵豎了起來，準備聽她講故事。她已經在這趟短短的旅程中告訴我們這麼多的故事，這個一定會是最好的一個。

但她沒有告訴我們那個故事，而是說了這句關於那位女士的話：「但我不會給她聲音，因為那正是她想要的。」

夏南轉過身看著我；我們都因感到印象深刻而瞪大了眼睛。

「我們不會給她聲音。」我本能地重複這句話，試著用我的嘴唇說出來，想要捕捉住她的智慧，緩慢地重複著，像坐在教堂後方座位上做著應答朗讀。

夏南和我後來就那句話進行了一次談話，我們不確定它到底是怎麼來的。我在那一刻想把它寫下來，但因為司機的下一個故事而分了心。她只是去看個眼科，結果診斷出來發現自己得了腦瘤，而我還在努力決定是否要相信她。

最後，我們都同意，這句話真正捕捉住在芝加哥的那個炎熱日子裡，那位優步司機在車裡說的關於她的批評者的話：**我們不會給她聲音**。

只有我們讓那個批評者活下去，她才會活下去。我指的不是那些給你幫助、把你的最大利益放在心上的批評者。這不是你共同聆聽小組裡的某個成員，或是你的拒絕導師之一。我指的是惡毒、小心眼的那個人，很久以前說過那些事的那個人。也許是還住在你腦海中的那個人。那個時間已經成為過去，那個批評者現在可以在你生活中唯一擁有的聲音來自誰？來自你。

如果你拒絕給這些批評者聲音，你的今天會有什麼不同，或者你的下一個決定會如何改變？

當那輛計程車右轉進入海軍碼頭時，夏南微笑著說，「這會是妳的下一個播客話題，對嗎？」這女孩真了解我。

批評者是棘手的同伴，因為不是所有批評你的人都是平等的。只因為有人批評你不一定就意味著應該忽視他們，或把他們稱為酸民。但這也不自動意味著他們就是對的。我們可以從別人的批評、糾正、批判性思考及指導中學到許多事。問題來自於我們對於所有批評的聲音都一樣看重。

當我們要做決定、對抗決定疲乏，以及學會在神面前相信自己的心時，我們得謹慎地選擇可以進入這些事情的人。關於我們生活中的批評者，我學到了以下的東西：沒有必要（就這件事而言，也不健康）讓人們永遠都同意你，但最需要嚴肅考慮的批評是那些**相信你**的人的批評。如果一個相信你、你的工作、你的藝術或你的決定的人指出了某個弱點，或是試著讓事情變得更好，用謙卑、優雅的態度思考他們的話是有益而且健康的。不要因一時衝動而將他們拒於門外。相反地，在基督面前敞開自己，讓他的話與他們的批評一起向你展示真理。這是那種會得到聲音的批評者。

但如果批評者不但不同意你的觀點，而且也不相信你，你可能會更難將他們的話剔除。就像那個網路上的陌生人。你哥哥的女朋友的妹妹的室友對於你Instagram動態消息的不經意看法，無論你如何和顏悅色地道歉或努力彌補錯誤，他們就像拒絕感到滿意的憤怒顧客。這些人最沒有權力影響你的生活，但因為某種不明原因，最後卻得到了最多的權力。

我怎麼知道的？因為現在，我覺得你肯定能夠在腦海中記得一個特別的批評聲音，而且清楚記得他們說了什麼。那麼，在這一刻，你的下一件對的事是什麼呢？現在是宣布停戰的時候了。

我們沒有要改變他們的想法。反過來，我們改變自己的想法。讓我們別再給那個批評者聲音，不再將麥克風交給她。把她的座位從桌子前拿走，放在外面大廳裡。我們的朋友耶穌知道被質疑、挑戰、羞辱及批評的滋味。但他在地上時從來不曾讓任何的負面批評改變他做的一個單獨決定。他只關心他的父的事，他一切都好。他面如堅石，他的靈魂總是平安，他的面容慈祥，他的選擇永遠是愛。

一切最後都可以歸結到一件事，它總是歸結到神的國度，在這裡，我們的信仰直接與日常生活發生猛烈的撞擊。批評者指出我的弱點與恐懼，但如果我多加注意，他也會指出其他東西，一份我永遠不敢要的禮物，一個他從不打算要給的動力。無論我們是否喜歡，批評者帶來的禮物是一個清楚表明的立場。當批評者說話時，我們必須決定是否相信他們說的話。我們必須決定誰的話說了算。

批評者的聲音強迫我們面對最大的恐懼，並使我們回過頭來努力傾聽神的聲音。我可以擔憂，也可以動手開始工作。我可以被困住，也可以繼續前進。我可以自衛，也可以自由。與其給那個批評者聲音，下面是一些可以考慮的新的話語：

我相信生命的力量。

我相信神聖的復活。

我相信任何事物都不能叫我們與神的愛隔絕。

我相信我已得自由。

# 禱告

當我們考慮壓在心上的沉重決定時，我們不想給批評者聲音。

使我們安頓在祢的靜定之中。

讓我們在祢面前安靜。

提醒我們祢的愛。

用祢平安的話語代替批評的話語。

當我們傾耳靜聽祢的心跳聲時，允許我們在祢面前發出聲音。

當我們在愛中單純地做下一件對的事時，成為我們的勇氣。

## 練習：注意你的行為

當我們做決定、對抗決定疲乏，以及學會在神的面前相信自己的心時，我們必須謹慎地選擇可以進入這些事情的人。雖然這很困難，因為對於我們之中的大多數人（所有人？）而言，我們頭腦中的批評聲音是如此熟悉，以至於幾乎意識不到它的力量。

今天，注意你可能正在用哪些方式給你的批評者聲音，無論你的批評者是真實的人，還是想像的。請求耶穌在你重複那個負面的看法時幫助你抓出這個行為，無論是傳訊給你表姊告訴她你同事如何說你，或是在沖澡時反覆排練你的防禦性說詞。當你重複這些負面的、往往具有殺傷力的話語時，注意你的態度。記住在基督裡你擁有所需要的一切。不要給你的批評者聲音。

# Part
# 4

## 成長
## ——在愛中看清你正確的下一步

我是被呼召來做這件事，還是我只是沉迷於獲得確認？我想跟這個人結婚，還是只是想要被愛？我應該上這所學校，還是我只是喜歡它給我的聲望？誰會告訴我們什麼是最好的？我們如何確定呢？

# 第十九章

# 回歸自我

撞見某人並意識到那是你自己，這是件瘋狂而美妙的事。

——菲爾・安德森（Fil Anderson）

我希望你的心已開始安靜下來，使你在每一個平凡時刻都能感受到耶穌的同在。我希望這些話語會為你的靈魂創造一個喘息的空間，好讓你可以為心中尚未有名字的事物取個名字，在愛中看清你正確的下一步。我希望你對神的看法正逐漸變得真實多於虛假，而透過祂的靈，你開始放下對結果的執著。這條簡單的靈魂式決定之路並非一路直行，對嗎？也許一開始是那樣，但它會緩緩深入一個陰涼的山谷，蜿蜒進入黑暗的樹林中。就在你確定自己已經迷路時，樹木卻讓路給一片廣闊的田野，在安靜水邊的一片青青草地。

然後我們再度啟程。我們已經檢視了當我們為決定而苦苦掙扎時求助的各種人，無論這樣做是好是壞。我們誠實面對我們收集的大師，也為可能的共同聆聽者做了一份清單。我們意識到在生活中需要一個拒絕導師，並且決定不給我們的批評者聲音，始終確信神與我們同在，祂正在我們之中，通過我們，並在我們的四周工作。但還有另一個人在這條路上與你同行，他對你而言可能不是那麼明顯。

我們參與最多的關係性互動往往也是最受到我們忽略的。那就是我們與自己的關係。所以，我們再次回到同一個地方，在「**現在要怎樣？**」「**為什麼又發生這種事？**」的疑問之中嘗試看清下一步以及我們的**現在此時**。當生活變得不可預測、缺乏確定感時，我們很容易因恐慌而讓生活四分五裂，成為一座不知從何收拾起的廢墟，忘了我們是誰、我們在哪裡。

這對任何人都不會有好處。神一直都想要我們知道，現在重新振作還不算太晚——再一次回到中心。如果你的下一件對的事是在你的現狀中安頓下來，然後回歸自我呢？聽起來很奇怪嗎？想一想，在你生活中，唯一保證會每天跟你在一起的人就是你自己。沒有比自己更像個家的地方了。所以也許該是和自己和解的時候了。

在我上四年級之前，曾經住在印第安納州（Indiana）哥倫布市格拉斯通大道（Gladstone Avenue in Columbus）上的一幢白色房子裡。我的姊妹們密西（Missy）和雪莉（Shelly）和她們的媽媽住在我們旁邊，我一直以為她們很有錢或運氣很好，因為她們家有地下室、沙箱，還有有線電視。在我們家的另一邊住著紅頭髮的蜜雪兒（Michelle），她的乳牙一直都沒掉，聞起來永遠像番茄醬。離她家幾扇門外有棟遠離街道的小房子，住著杭亭頓（Huntington）先生。

他是個瘦骨嶙峋的男人，突出的眉毛遮住他的眼睛，在他身上只看得到稜角，沒有曲線，是隻毫無信仰的螳螂。小學時，我們的公車站牌就在杭亭頓先生家的車道盡頭，這讓我在每個上學日的早晨都感到一種淡淡的焦慮。我依稀記得他家前窗上掛著橘黑相間的「禁止進入」牌子，就像一個鬼屋戴上了充作眼鏡的東西，一直監視著我們。我不能確定，但站在他的車道上肯定感覺像對那些威脅性標誌的冒犯。

直到二十五號公車出現在街角載我們去上學，我緊繃的肩膀才能鬆懈下來；踏出那塊禁地，走進溫暖、喧鬧的校車裡始終是種解脫。坐在安全的綠色塑膠皮座椅上時，我才有勇氣回頭看一眼那棟房子。站在他家車道邊上已經很難了，我甚至無法想像走到他的門前。

然而，從許多方面來說，我有很多走到一棟我感覺自己不受歡迎的房子門前的經驗，因為多年來，我就是這樣對待自己的。我站在自己靈魂的車道邊上，沒有意識到在門的另一邊有我想過的生活。

回歸自己並不總是一件容易的事。

如果你到了一幢房子，女主人站在門廊對你大聲批評、論斷、嘲諷，猜你不會想做什麼？走進那扇門。你會每次都轉身背對那幢房子，發誓再也不要回來了。如果我們不再站在自家的前廊上嚇唬欺負我們自己呢？如果我們決定站在自己靈魂的門檻上，當個對自己親切的女主人呢？

當家不安全時，我們就不會回家了。也許你今天的下一件對的事是承認你是如何成為自己的敵人，你是如何在自己靈魂的窗戶上掛上禁止進入的牌子，你是如何成為你自己那多疑、眉頭緊鎖的鄰居的。

回歸自己意味著什麼，這又如何幫助我們做決定？神總是給我們線索，暗示我們自己是誰，以及祂如何使我們在這世界上模成祂的形象。但是祂不會大吼大叫，這就是成為一名靈魂極簡主義者是如此重要的原因。因為它清理我們日常生活中的雜亂無章，幫助我們專注。神經常邀請我們檢視自己的一個方式，是透過其他人的話語。

當人們真誠地向你說些親切的話語，對你做的某件事或你這個人表達感謝之情時，不要忽視他們的話。練習傾聽，看看他們的話是否暗示著神對你的計畫。二〇一六年夏天，我和一群作家坐在托斯卡尼（Tuscany）的一個山坡上，隨著夜幕悄悄落下，我的朋友蒂許（Tsh）說她很珍惜和我的友誼，當我們交流時，她感覺被我牧養了。被牧養。她用了這個詞。當她說出它時，我的內心被一道既陌生又熟悉的光照耀了，淚水刺痛了我，那道光變強烈了，我知道她說出了真話。我仍然朝著成為牧養人的角色成長，我還有很多要學，但是當她在那天晚上說了那些話時，她給了我某樣她彩繪的東西，而那和我的靈魂十分契合。

回想一些某個人對你說過的話，那些話讓你覺得自己被充分看見、充分認識，讓你想要在他們說了這些話後說：「我在這裡。」這不是一個單純的正面肯定而已。只因為某個人說了某些正面的話不代表這些話感覺起來就像**你**。如果有人在你年輕時跟你說你多麼有責任感、多麼可靠，那真是件正面的事，你聽起來也許很受用，但這些話也可能感覺起來更像是對你未來的期許，而不是你要成為的真實。

相反地，我高中英文老師史密斯（Smith）夫人曾告訴我，我是個好作家。當她說這句話時，我並不覺得它像是件我必須努力去證明的事；它感覺就像真的，即使我還需要好幾十年才真正成為一名作家。另一方面，在我完成大學學業時，也曾經有個老師告訴我，我應該拿個聽障者教育的碩士學位，因為她知道我在這方面會表現得很好，儘管我受寵若驚，而且她甚至可能是對的，但它卻沒有讓我有真實感。那句話沒有讓我有在家的感覺。

我在想，你是否可以想到當你感覺最像自己的一個時刻。你在哪裡？當時在做什麼？和誰在一起？也許還應該想想，你**沒有**和誰在一起？這些問題可以幫助你開始熟悉自己的天賦、性格，以及你被造來奉獻的祭物。正如我的朋友及老師菲爾・安德森說的，「撞見某人並意識到那是你自己，這是件瘋狂而美妙的事。」對你而言，回歸自我意味著什麼？它對每個人來說都是不同的，它甚至會在你嘗試某樣新事物時出現。我不能具體地說對你而言這可能會是什麼樣的，但我可以說，當你靠近它時，就會知道。它聽起來很柔軟、溫和，給人一種安全與安定感。你不會覺得自己需要去證明什麼。它是親切、開放、自由的。它也許是你感覺自己被邀請去成為的某種真實，你將會需要踏上一段旅程。但你會開開心心上路的。

## 禱告

神哪，幫助我相信關於我自己的真實，無論它有多美。

——馬克瑞娜・威德克（Macrina Wiederkehr）①

## 練習：記住你是誰

想一想當你覺得最像你自己的時候。現在想想其他人說過的話，這些話肯定了你生活中的這一刻。如果你在回想那些話時遇到困難，你有一位神，祂總是能填補那些空白。在祂面前，你會找到自己。而在你的真實自我面前，你最終會看見神。

當你在思考對你而言，內在和解意味著什麼時，這裡有些最後的、來自〈詩篇〉第一百三十九篇的話語：

耶和華啊，你已經鑒察我，認識我。

我坐下，我起來，你都曉得；

你從遠處知道我的意念。

我行路，我躺臥，你都細察，

你也深知我一切所行的。（詩篇第一三九篇第一至三節）

**這是神的話。感謝神。**

# 第二十章 擇你所愛

如果神尚且關心野花的容貌——大部分的野花從不曾被人注意——你不認為祂會照料你、以你為傲，並為你付出一切嗎？——〈馬太福音〉第六章第三十節訊息

那是個週六，我站在花園中心的中央，整個人凍僵了。我的推車裡有株植物，一株鮮綠色的小小常春藤吸引了我的目光。除此之外，我陷入了困境，那種熟悉的沮喪感開始襲來，每當我在一個沒有太多信心的領域面臨著一個有許多選項的簡單決定時，就會有這種感覺。

一星期前，我和約翰一起走過沿海城市科羅納多（Coronado）明亮、溫暖的街道，它位於聖地牙哥灣（San Diego Bay）對面，與聖地牙哥市中心相隔。那是我們待在加州的最後一天，我們逛逛商店，悠閒地享受著彼此的陪伴與風景。從多岩的海岸線到持續吹拂的涼爽微風，加州是個不浪費時間的美麗城市；我甚至可以說它在某些方面令人陶醉，我發現自己既留意到那些宏大的事物，也關注著令人印象深刻的微小事物。

我們來自美國東南部海岸，與這裡完全相反，空氣濃郁、樹木高大、綠葉繁茂、丘陵平緩，家家戶戶的後院都有塊草地。但是在南加州這裡，尋找有綠草的後院卻成了一場遊戲。我們看到的大多是幾何造型的石頭花園，上面覆蓋著濃密、堅硬的植物，長著蠟質的葉子以及鮮豔醒目的花朵。

親愛的加州，你缺少了綠草，卻以多肉植物彌補。在幾乎每家商店前都有一個盆子或容器，裡面栽種著各種多肉植物：愛爾蘭薄荷（Irish Mint）、小寶石（Little Jewel）、彩衣女郎（Painted Lady）。多肉植物有最棒的名字。

走在這些街道上時，我決定想在生活中有更多的植物。我可以在腦海中畫出我想要的那幅景象，想像我們去挑選植物，讓我們的房子和門廊、後院處處充滿綠意。我為此感到快樂，對它滿懷期待，並開心能夠開始進行這件事。

那使我們回到那個站在花園中心的凍僵的我。

沮喪的感覺很快就消失了。這情緒很熟悉、惱人，而且有點可笑。為了像是新工作、新角色、新婚、新學校或新事業這類重要的情況而覺得手足無措是一回事。但因為挑選植物這類微不足道的小事而讓自己悄悄陷入沮喪，感覺就很愚蠢了。但那就是我發現自己所處的狀態：我有一個大的想法、很多選項，以及一個幾乎是空的購物車。

的確，這一時的優柔寡斷在整個生命中只是無足輕重的片刻。但我們所有人都會遇到這些時刻。如果它不是在花園中央向你襲來，它也會在你去雜貨店時，或是你在廚房做菜時出現。也許它是關於接下來要讀哪本書，如何把一個禮物包裝得漂漂亮亮、看起來不像三歲兒童的傑作，或是為房間挑選油漆的顏色。雖然情況不同，但它們的共通點是：都應該是生活中令人覺得有趣、愉快的部分。但是相反地，由於某種原因，對我們之中的一些人來說，它們卻帶來了手足無措、沮喪以及羞愧感。我們希望帶來生命的東西，結果卻變成了消耗生命的東西，又一個我們覺得自己做不出來的決定。

這不是我第一次滿懷期待站在花園中央，但是一到那裡立即覺得自己無能為力。當我們剛開始或重新開始朝著想要的某件事物踏出正確的下一步，即使我們仍感到不確定，那看起來會是什麼樣子呢？

你可以從承認恐懼的存在開始。我無法告訴你有多少次我把某種情緒掃到一邊，因為覺得它不正當合理。**在花園中央手足無措？多麼奢侈啊！這世界上有些人陷入真正的麻煩！**好吧，這是真的。但同樣真實的是，當我們拒絕承認那個情緒，就無法前進。而且小事情通常只是指向更大事情的箭頭。在花園中央感覺羞恥是你在其他領域感覺羞恥的證明。如果我對挑選植物這類簡單決定的直覺反應竟是羞恥與手足無措，那麼你可以想像在生活中那些真正重要並且會有後果的領域，我會有什麼直覺反應嗎？

如果你覺得自己被日常生活中那些微小、無關緊要的決定圍困，花點時間承認這種渺小感。承認這個決定不該是什麼大不了的事，但因為某些原因它是。現在，這就是我們所知道的。恐懼，我們看見你了。我們承認你的存在。但事情不是你說了算。

一旦你將這種感覺命名，接受這件事：你可以在這裡有個位置。

擁有漂亮的花、用大膽的顏色粉刷房間，或是嘗試新食譜，這些都不是只為那些懂得更多、擁有更多，或是看起來比你懂得、擁有得更多的人準備的。這也是為你準備的。你不需要是個時髦、有錢的人，你不需要是得天獨厚或獨一無二。你只需要做你自己。你可以在這裡有個位置。你可以選擇一些東西，也可以改變主意。

當我站在這裡看植物時，腦海中浮現了完整的一句話，就像夏天的一片綠葉落在草地上。**擇你所愛，接著看它如何生長**。在我的頭腦裡，它聽起來像是我自己的聲音，但感覺不像是我的想法。

我鬆了口氣，推著推車穿過枝葉繁茂的小徑，輪子因輾過花園水管而啪啪作響，我的手臂上出現了幾乎看不見的水霧。我在想，什麼時候植物種植與挑選在我腦中變成了如此複雜的一件事？但它確實如此，而承認這一點已經贏了一半。在那之後，就是挑選的時候了。

擇你所愛，接著看它如何生長。

我以為在生活中有些東西必須學習，像是如何閱讀、寫作或使用電腦，這是正常的。但出於某種原因，我認為照顧植物應該是自然而然的事。但事實並非如此。這也是件可以學習，而且如果你願意，也應該要學習的事。但我們必須有個起點，而起點就跟任何地方一樣是個好地方。所以擇你所愛，接著看它如何生長。

我把一些植物放進推車裡。我拿起一株上面有個標籤寫著「我喜歡弱光」的植物，我想到可以把它種在某個地方。我還挑了一株名字叫做「珍妮」的植物，因為感覺起來很親切。**擇你所愛，接著看它如何生長。**

當我繼續將這句話放在心裡琢磨時，我想到了運用這句話的所有方式，它在許多情況下都是正確的。你的老闆曾要求你為員工旅遊選個地點嗎？你在試著決定明年大學的主修嗎？你有一天屬於自己的時間但又不想浪費，想知道如何好好地度過這一天嗎？擇你所愛，接著看它如何生長。在盡可能的情況下，這樣做就好。

你可能有各種重新、再次或第一次開始做某件事的方式，我知道這個小故事只是其中的一個小小例子。無論事情大小或範圍如何，新開始總是伴隨著混雜在一起的各種情緒。我明白我們承受的決定壓力是獨一無二的。讓一些人手足無措的事，對其他人而言可能是愉快的。也許你無法體會我在花園中央感覺到的那種猶豫不決，因為你一直都知道自己想要什麼，或至少你願意在不太重要的事，例如挑選植物，承擔小小的風險。我們可以從你身上學到很多。因為我們之中這些糾結於做選擇的人，不僅花了許多時間在腦海中的各種選擇之間徘徊，而且還要責備自己為什麼一開始要把事情搞得這麼困難。但如果那是你，那麼你有個好同伴了。擇你所愛，接著看它如何生長。如果那株小小的植物一週內就壽終正寢，那麼，你就學到了一些東西。但也可能是另一個結果。**如果它開花了呢？**

## 禱告

當我們站在起點，為漫長的道別而憂傷時，教導我們如何把握旅程中需要的事物，輕輕揮別其餘事物。

父啊，祢每早晨的憐憫都是新的，祢也賜給我們永遠可以重新起頭的恩典。

當我們學習與祢步履一致時，請祢也與我們同步。

感謝祢沒有在我們再次回到原點時對我們失去耐性。

賜給我們勇氣去擇我們所愛，也賜給我們耐性去看它如何生長。

## 練習：擇你所愛

對一些人來說，這可能是整本書裡最難的練習。乍看之下似乎沒什麼害處，甚至顯而易見。但當我們嘗試實行它時卻猶豫不決。有沒有可能許多我們的決定疲乏有一部分就來自於此？有沒有可能這是一種我們無法縱容自己去擁有的自由？今天，當你站在花園、教室、辦公室、油漆店、圖書館、避難所或街上時，練習接受世界上也許沒有完美、正確或理想的選擇。相反地，你要擇你所愛，接著看它如何生長。

# 第二十一章

# 穿更好的褲子

我們懲罰自己沒有變得更多、更好、更瘦或更強壯的方式之一就是試著把自己塞進（有時甚至是強迫自己進入）各種不合適的關係中，與其他人、與我們自己、與我們的褲子的關係。——利安納・坦克絲莉（Leeana Tankersley），《呼吸空間》（Breathing Room）

穿更好的褲子已經成為我最喜歡的靈性操練了。當你持續關注可以讓你回歸自己的方法時，找到可以支持你這樣做的靈性操練或練習會很有幫助——當這些操練或練習越是不尋常、古怪，越是私密個人時，那就更好了。當你有忙碌的日程安排、一大堆待洗衣物、收到令人痛苦的診斷書、進行了難以理解的談話，或是在為即將到來的旅行做準備時，你很容易忘記你的中心，很容易忘記你是誰。我們的一些自我始終都藏在我們看得見的種種日常活動以及經常看不見的羞恥陰影之下。也許今天，你的下一件對的事是釋放一些你不再需要的東西，好讓你能向你已經成為的那個人邁進一步。

當我高中畢業時，青年牧師送給我們所有高年級生一本關於靈性操練的書。身為乖乖女的我在那本書上做滿了各種記號，決心每週要實行一項操練，禱告、閱讀聖經、禁食等等，無論要花多久時間，也要成為那個最好的自己。我知道我不可能完美，但我認為比任何人都更接近完美仍是個可以追求的目標。

經過幾年的聖經學院訓練、婚姻生活，以及後來成為人母，我明白腦子裡的乖乖女是個極其惱人的幻象，如果我想真正認識耶穌，成為一個理智的人，我必須放棄不斷試圖贏得認可的努力，放棄那種我可以透過自我表演而獲得愛的荒謬想法。①

戒掉我的乖乖女癮症的一個「損失」，就是擺脫我對操練與靈性練習的誤解。這聽起來可能極端，但有時極端是必要的。我需要允許自己暫時不做一些靈性練習，因為我不知道如何在做這些練習時不去想到我會獲得什麼。對我而言，過去八年左右的時間可說是我重新進入靈性操練世界的過程。現在它不一樣了：更親切、溫柔、柔和，也更自由。我的定義改變了，而（我希望）我的舉止也跟著改變了。

我現在了解了靈性操練背後的基本真理，那就是，正如作家及哲學家魏樂德所說的，「如果一項操練無法使我得到內在的自由，那麼也許我不該做。」②

實行一項靈性操練與嘗試獲得什麼、證明什麼或贏得什麼無關。實行一項屬靈操練更關乎獲得在神的國度中生活的力量。它是關於意識到神的存在，並有目的地將自己放在祂的面前，讓自己的性格可以改變。它是關於訓練我的思想與意志，以便行出我內心深處的信念。它是關於知道每一刻都充滿了恩典，但有時我需要練習才能看見它。它是關於成為我在基督裡已經成為的那個人。當我們認識到神在其中與我們同在時，任何事都可以是種靈性操練。它可以是我們做的某件事，但是我學到靈性操練也可以是某件我們取消的事。

我承認不得不放棄一些我一直以為與靈性或靈性操練有關的事物。除了我以為必須努力才能獲得認可的虛假信念之外，我還把靈性變得太微小了。我把它放在一個上面標籤寫著「看不見的東西」的盒子裡，這在某些方面而言是真的，但是就許多方面來說也不是真的。當我清理衣櫃時，在我的臥室地板上，我以最意想不到的方式意識到了這一點。

在我有一些重要的截稿日期要趕的那個禮拜，我做了任何受人尊敬的作家都會做的事。我一臉嚴肅地朝著房子裡最亂的角落走去，決定現在是好好大掃除一番的最佳時機。我的衣櫃最整齊的時候就是我有個截稿日期的時候了。我從臥室著手，開始篩選衣物。在其中一個抽屜的底部，我找到了一條我很喜愛但被遺忘已久的牛仔褲，我穿上它，繼續打掃屋子，從一個房間走到另一個房間，沒有計畫，只是用眼睛搜尋著需要清理、整頓和丟棄的垃圾和雜物，以及堆積的東西。

當我拿著垃圾袋穿過房子，整理淘汰堆積的物品和雜物時，我注意到一個極微小的轉變。我的活力和動力開始下沉。通常清理和整頓總是帶給我新的活力，所以我停下了片刻，思考我為何肩膀下垂、眉頭緊皺，我為何感到如此煩躁？當我一路回溯做過的事時，我找到原因了。是那條牛仔褲，我從最底層的抽屜拉出來後穿上的那條最喜歡的牛仔褲。它讓我難以呼吸。而因為我總是意識到外在生活如何影響內在生活，於是我很快地將靈魂的呼吸與身體的呼吸連結起來。

我們不是可以分割成不同部分的人。我們的思想、身體與靈魂是個整體。每一部分的我們均影響著其他部分的我們，為了讓靈魂能夠呼吸，我必須能夠真正呼吸。從字面上看，就是在我的橫膈膜裡呼吸。我穿著傷害我的衣服，這件事必須停止。在清楚認識到這一點後，我走上樓，站在我的衣櫃前。我們達成了一個雙方都能接受的彼此理解。如果她停止窩藏那些過緊衣服的敵人，我就會讓她保持乾淨整齊。

我最喜愛的作家之一談到了這件事。她的名字是利安納・坦克絲莉，在她的書《呼吸空間》中，她說：

令人驚訝的是，我們會以自己爲代價來做一些事情。我已經決定，即使我的餘生都必須穿著有鬆緊帶的衣服，也不會用穿著傷害自己的衣服來貶低自己……壞褲子再見。我們懲罰自己沒有變得更多、更好、更瘦或更強壯的方式之一就是試著把自己塞進（有時甚至是強迫自己進入）各種不合適的關係中，與其他人、與我們自己、與我們的褲子的關係。③

我很感激她的話和觀點。那些最喜愛的牛仔褲對我的意義也許比我意識到的還要多。它們代表了我還沒有準備好要放手的某個自己，即便這意味著我會為此而受苦，而且是真正意義上的身體裡的受苦。

在那一刻，我發現了一項新的靈性操練。

我開始把一疊褲子和幾件襯衫堆在一起，這些衣服要不是穿起來會傷害我的身體，就是穿起來會讓我對自己感覺很糟。隨著衣服越堆越高，我的信心也隨之高漲。在我臥室的那幾分鐘裡，我深刻意識到神仁慈地與我同在。祂並沒有因為我在清理衣櫥，就不再與我有連結。而當然，我很重視、照顧我的身體，也通過其他做法來維持健康，但我也想誠實地對待我的自我期許，並注意不要將我的健康與這個世界對於何謂健康的看法相比較。我必須小心地牢記，健康不僅僅是我們可以從外在看見的東西。

要我說實話，我對於把丟掉太緊的褲子這麼微不足道的小事變成一項靈性操練也感到掙扎。這感覺很奇怪。但是後來我想起，與耶穌同在的生活是關乎成為一個完整的人，不是分割成重要或不重要、看得見或是看不見的部分。在這一天，我可以同時帶著我靈魂的嚴肅關懷以及一疊舊衣服到我的車上。對我而言，整理出那堆衣服是那天的靈性操練，我終於花時間面對了這件事：我一直在保留不合穿的衣服這種小事上不尊重自己。

我要和我的牛仔褲停戰，並實行穿更好的牛仔褲這個靈性操練。

在前面的章節中我曾提到，決定經常是很困難的，因為沒有機會去實踐它們。我們做的每個決定感覺都像是上學第一天的期末考。但穿更好的牛仔褲（或是同等的個人選擇）是開始練習做決定的一個可行方式，而且除了對你之外，對任何其他人都毫無影響。再次說明，這可以是任何事情：散步、提前到達約會地點、在門廊上喝杯咖啡。任何小事都可以，只要它有助於將你放在神的面前，並提醒你是被愛著的。

# 禱告

儘管我們在這個星期可以像個擁有一切的人一樣優雅漫步，但祢看穿我們在內心是如何地跌跌撞撞。

我們何時才能學會不再試著躲避祢的面？

溫柔地向我們揭露，我們一生都在告訴自己拒絕的複雜敘事。我們祈禱，讓那些虛假的故事浮上表面吧。

因為儘管我們經歷了各式各樣的醫治，但我們知道在內心仍隱藏著許多看不見的事物。

將恩典的溫柔之光照進那些陰影之中，成為我們回應的勇氣。

用祢大能的手阻擋羞恥、恐懼與憤怒，向我們伸出祢慈愛的手。

我們承認我們被看見，我們被愛著。

這是我們最真實的故事。

當我們將臉轉向祢，願我們在祢凝視的目光中看見真正的自己。

使我們敞開，以新的方式實踐我們的生活，讓我們知道自己是誰，然後將我們重新帶回這個世界。

帶給我們驚喜，以我們無法說明的喜悅。

賜予我們勇氣，以我們的本相呈現。

# 練習：選擇一項奇怪的靈性操練

你需要和任何東西休戰嗎？任何東西都可以，這裡沒有限制。神在每個平凡時刻與你同在，無論多麼微小。為了記住這一點，你是否需要實行任何非常規的靈性操練？為了幫助你在自己生活中練習，有哪件事是你今天可以做的？

# 第二十二章

# 走進房間

我認識的那些最關注自己個人性的人，那些不斷探究動機、總是向內觀察自己反應的人，通常會變得越來越沒有個人性、越來越不自然、越來越害怕將自己暴露出來的後果。——麥德琳・蘭歌（Madeleine L'Engle），《安靜的圓》（A Circle of Quiet）

有時自我反思會成為一種阻礙。我說的不是我們在基督面前做的那種——那種很重要。而是我們在照鏡子時（或是在人們的眼裡或他們的反應中）做的那種自我反思。這種自我反思妨礙福音在我身上暢通無阻。如果我花太多時間想要定義自己，很容易就會忘記我是自由的。

二〇一五年我前往奧勒岡州（Oregon）波特蘭市（Portland），在一場寫作會議上發表演講。我本來幾乎要拒絕這個工作，不是因為我的日程安排、錢或呼召，或任何這類原因。而是因為我不認為自己是他們會喜歡的那種人。當我們對自己誠實時，做決定的依據可能會令人尷尬。

我以前從來沒去過波特蘭，也沒見過許多我知道會在那個會議上的人。我以為他們會是些既年輕又酷的潮流人士，而我跟那些東西八竿子打不著。也許我更像急於求表現的雜工肯尼・帕索爾（Kenneth Parcell），而不是他們既酷又平靜的執行長傑克・唐納吉（Jack Donaghy）。也許我更像是天真的潔西卡・戴（Jessica Day）而不是尼克（Nick）的酷女友茱莉亞（Julia）。[①]也許我更像是Hallmark頻道而不是他們的ＨＢＯ。也許他們都是書寫社會正義、政治和其他重要議題的出色作家，而我則是從位在靜巷裡的住家兼辦公室寫些為你的靈魂創造呼吸空間的東西。

狀況好時，我知道我的工作很重要。但不是所有日子都是狀況好的日子。所以當我受邀在那個會議上演講時，我猶豫了。我在這些作家中能有一席之地嗎？我有任何東西可以提供給他們嗎？如果我其實只是在愚弄所有人，包括我自己呢？

這樣的生活方式一點也不健康。

不管是好是壞（大部分時間是壞的），這都是我畢生與之掙扎的課題之一。如果你不能感同身受，恭喜了。但如果你可以，我看見你正在拚命點頭。我知道你在看那一集《我們的辦公室》（The Office）時，當潘・碧絲蕾（Pam Beesly）說她討厭想到有人討厭她，如果蓋達組織（Al-Qaeda）認識她的話，她敢肯定他們不會討厭她時，你笑得特別大聲。這種被人喜歡的需要雖然不是我的特色，但確實很吸引我，而且它不像只是想要跟人打成一片這麼簡單。它更像想要知道我屬於哪裡，而這跟想要跟人打成一片有很大的不同（如果你可以相信的話）。我不想跟你一樣，我想跟**自己**一樣。但是當我不確定跟自己一樣是否夠好、是否能受到你的接納及認可時，麻煩就來了。

最終，我總是再次發現，我的工作是傾聽耶穌，然後無論房間裡還有誰，都要做自己。我天性溫和；我喜歡有趣的電視節目；我對耶穌、信仰、文化、恩典與人的事想得很深。我寫作是為了知道我對事情的看法，但不會把我思考的一切都寫下來。我在網路上分享我的生活，而我也十分注重隱私。我喜歡和人們相處，而我也喜歡獨處。我常希望自己可以自然地輕鬆愉快些，但我必須努力才能做到這點。我喜歡自己一個人，但也不想要被拋下。我猜你對自己的定義也和我一樣不一致。

事實證明，我不需要去定義自己。我只需要成為自己就行。於是我答應在這場波特蘭的作家會議上演講。我在我屬於的那個自己裡面安頓下來，即使我不是很酷的潮流人士、有群眾魅力的人，或是個政策制定者，而是因為我在基督裡。在那裡親切的人們證實了這些話的真實性。

當我們在比較的時候，就無法與人連結。這是不可能的。在某程度上，我們都會質疑我們屬於的地方，以及人們對我們的看法。我們不都努力在保護仍然蜷縮在內心深處、渴望著安全感、價值與愛的那個徘徊不去的孩子嗎？我們不都希望與人連結，卻常常選擇了自我保護嗎？當我們今天將這個課題帶回到看清我們正確的下一步作業時，尤其是當我們有一個決定要做時，可能會傾向將這個決定建立在比較與保護，而不是關係連結的基礎上。

你可能想對某事說「不」，因為你害怕自己達不到標準。或者你也許會很高興地對某事說「是」，因為你很有信心會勝出。如果比較在此完全不發揮作用的話，你對決定採取的態度會改變嗎？如果我們不通過比較來做決定，而是選擇詢問自己關於**連結性**的問題，結果會如何？

我發現我對靈性的理解，我如何實踐我的生活、走入我周遭世界，這些事不僅影響了我的福音事工，而且**就是事工本身**。它從我如何走進一個房間開始。當我在不同環境中觀察自己時，我才剛開始去理解的一個模式就浮現了。也許你可以有所共鳴。

當我在一個房間中的角色有清楚的界定時，走進去就比較容易。如果我為我兒子舉辦一個生日派對，我在這個房間裡是他的母親：我是切蛋糕的人、拿飲料的人，也是控制混亂的人。如果我主持一個小組討論，我是以領導者的角色走進房間。如果我參加一場派對，我就是以賓客的角色走進房間。但如果我的角色未明，或者如果那是個社交場合，裡面的人我都不太認識，或是我參加一場聚會，房間裡有其他人和我扮演同一個角色，而界線並不明確時，我往往在聚會中和結束後會遠離自己的中心。當這種心煩意亂的情況發生時，往往暗示我正生活在關於我的虛假敘事中，想要引人注目、變得重要、強大的誘惑，餵養了這種虛假敘事。②

從我進入房間的方式可以證明這點。

如果我帶著戒備走進去，那就代表我把焦點放在自己以及別人對我的看法上。當我出席但不負責帶領小組時，我經常表現得退縮、覺得沒有自信，我不想看起來好像是我正在試圖接管小組。結果我以渺小、虛假自我的身分走進房間，她被包裹在一個擺盪於不確定和過度自信的敘事中，在「**他們不會想聽我說話**」和「**我做這件事的時間比其他這些人久得多**」之間來回擺盪。顯然我是個討人喜歡的人。當我緊抓著自己的虛假故事走進房間裡時，我的身體會給我暗示。我會冒汗、發抖、興奮、喘不過氣來。我體驗到的不是在基督裡帶給我的那種集中、安靜的力量，而是身體快要解散的感覺。就像身體知道我正在退縮，害怕表現出全部的自我，反而安於一個虛假、不完整的自我版本一樣。

當我緊緊抓住對自己生活的虛假敘事不放時，我走進房間時會想，「**我來了，他們會怎麼看我？**」而不是，「**你們來啦，歡迎。**」我孤獨地走進去，尋求人們的認可，而不是在獨處中與耶穌同在，尋求與他人建立連結。我們帶著對於自己以及神的看法進入每個情境、聚會和決定。

真相是，我對自己在房間中位置的不確定感，不一定要成為唯一有發言權的聲音。我怎樣才能在與三一神聯合為一中接受其他人，並作為自己做出回應？我怎樣才能靠著我是天父愛子的身分，透過為人們創造空間，使他們走出自己的虛假故事，認知到他們對所有新造的獨特貢獻，從而與父子靈合作？更甚者，我樂於在小組中展現脆弱的意願如何成為一份禮物，無論人們對我的回應如何？如果我走進房間時知道自己是誰——我是天父愛子，與父、子、聖靈同住——人們就不一定要以某種方式來回應我，只為了讓我覺得安全。維持我在關係中的安全感不是他們的責任。如果我能夠維持完全在基督、絕對信任基督的態度，那麼他們就自由了，我也是。

以我自己而言，向前邁進，我不想活在既有的自我設定之下。我想有存在感、有目的地走進房間，我想要為了神而不是為了自己的緣故而意識到其他人。我想要專心注意我生活中的所有房間，是如何挑動著我對於成為重要的人、引人注目的人、強者的渴望。我想要繼續不完美地練習放手的靈性操練，不再嘗試運用那些會幫助我避免失敗、失誤及犯錯的技巧。我想要記住真正的事工不是我們做的某些事，而是與神同住的生命的湧流。我想要思考我實踐生活的方式，以便意識到我生活在一個虛假故事中前，不需要熬過那麼多年在房間裡的冒汗、發抖、不自在。

我想要練習一種靈性操練，尊重身體告訴我的故事，當它告訴我真相時，我要傾聽它。我想要更有意識地練習獨處，持續舒服地與耶穌獨處，這樣我就能更完全地擁抱我身為天父愛子的身分。我想要透過寬恕和慶祝在社群中模成神的形象，不是為了得到接納，而是因為我已經得到接納了。我想要對自己和別人都溫柔一點，記住我們與基督同在的生活不是用界線、正確的做法，或完美的決定來衡量，而是只以我們在三一神中所體驗到的那豐豐沛沛的愛來衡量。

作家兼靈性指導者簡．約翰遜經常談到關於我們的靈性樣貌是如何在接下來的十分鐘內形成的。我很感激簡是我在研究所時的老師之一，在我實習的那一個禮拜期間，她常常說這樣的話，「只要在接下來的十分鐘相信耶穌、有耐心、愛心或是感到滿足就好，那看起來會是什麼樣子？」這就是你靈魂的下一個正確心態。

也許你會在說話之前先傾聽。

也許你會向人們微笑、點頭或伸出手來。

也許你只是與某個人同在，而沒有預設任何目的。

有沒有可能你最努力與之競爭的人是你自己的某個理想化版本，而那是你永遠無法達到的？你願意讓自己自由嗎？就在接下來的十分鐘裡，你覺得怎麼樣？

# 禱告

無論我們身處於什麼樣的房間，幫助我們記住，因為耶穌：

我們可以自由地與改變世界的人一起吶喊。

我們可以自由地與沉思者一起思考。

我們可以自由地與社運人士一起倡議理念，也可以與禮拜者共同靜默。

我們可以自由地安靜、自由地喧譁。

我們可以自由地選擇要生活在任何地方。

我們可以自由地離去。

我們可以自由地待在家裡。

我們可以自由地逗留和提早離開。

我們可以自由地做著遠大的夢，也可以自由地做著小小的夢。

我們可以自由地劃定界線，也可以自由地改變想法。

所有人都在桌邊有個位子。

我們是自由的、我們是自由的、我們是自由的。

願這能改變我們走進房間的方式。

# 練習：注意你如何走進一個房間

當我走進一個充滿了人的房間時，我發現自己傾向於忽視神對這些人的看法，卻看重這些人對我的看法。我曾聽見作家蕭娜・涅奎斯特（Shauna Niequist）說，「與人相處時你可以選擇連結，也可以選擇比較，但你無法兩者兼顧。」注意你走進房間裡的方式。這種心態的轉變可能是微妙的，當考慮到你做選擇的潛在動機時，它會讓一切變得不同。當涉及到人與人的交往時，無論是家人或陌生人，你進入一個房間的方式可能意味著你是在與他們連結，還是在將自己和對方比較的差別。在接下來的十分鐘裡，請嘗試練習看看吧。

# 第二十三章

# 期待驚喜

我沒有五年計畫。神的話是我腳前的燈，不是我的足球場。——潔美・B・高登（Jamie B. Golden），《諾克斯與潔美的流行廣播與聖經狂歡》（The Popcast with Knox and Jamie and The Bible Binge）共同主持人

每當飛機起飛時，坐在飛機上的我有一部分相信飛機會墜毀，另一部分的我卻因為童年時的飛行夢想成真而感到驚愕。

同一件事既能在一個人身上引起模糊的恐懼，也能產生令人屏息的敬畏。有時我甚至同時感覺到這兩種情緒。

最近我坐了一趟日出時起飛的飛機，我們與早晨一起升到高空。起飛是整個飛行過程中我最不喜歡的部分，也是我必須集中注意力才能讓飛機保持在空中的部分。當飛機升空時，我注意到窗外的天空十分美麗，這是當然的，但我有更重要的工作要做，那就是握緊我的拳頭，深呼吸，好讓飛機繼續爬升。如果沒有我，機師該怎麼辦？我簡直不敢想。

隨著飛機持續爬升，我們做了一個側身轉彎，窗外的景色也從清晨漆黑的天空變成了棉花糖色的煙霧般雲朵，各種粉紅色與金色均是我過去和後來不曾見過的。榮光以我不可能解釋或預期的方式出現在玻璃的另一側。

我敢肯定你可以體會在飛機上，或是在你的廚房、教堂、車子上緊緊抓住座位邊緣不放的感受，你死命抓住不放，因為你不知道接下來會發生什麼事，而不知道可能就是最糟的部分了。但是隨後你會瞥見一絲你意想不到的榮光：她那通在完美的時機打來的電話，他那溫暖的微笑，信裡的一張紙條，陌生人的一句暖語，太陽升起親吻飛機的機窗。而即便你沒有尋找它，卻看見了；儘管你忘記要求它，卻得到了，它提醒你，你不是個隱形的人。它提醒你，神沒有忘記，榮光隨時存在於任何地方，從溫暖的眼眸、疲憊的手、粉紅色的雲朵後方探出頭來；它提醒你，無論我們多麼努力地籌謀計算，有時生命中發生的最好的事，是我們絕不可能知道會發生、更別說是事先計畫的。我們可能會忙於希望飛機停留在空中，而錯過了就在窗外正在發生的事。

相信事情在我們控制之下很容易，尤其當我們有個決定要做時。將你的頭從那幻覺轉開，就是那種當我們在思考下一件對的事時常出現的幻覺，看看在玻璃的另一側有個不同的現實。

二〇一四年，我在田納西州富蘭克林市，出席一場由安德魯・彼得森（Andrew Peterson）及兔子房（the Rabbit Room）主辦的一場聚會。它被稱作無意義小聚（Hutchmoot），一個有趣的名字，你可以享受一個美好週末的現場演奏、美味食物，以及一系列關於藝術、信仰以及了不起故事的討論。

有人給了我一張免費的票，是朋友的朋友送的，他臨時在最後一刻無法出席，所以我就一個人在這裡了。這特殊聚會的門票每年都在幾分鐘內就完售了，所以能有張票本身就是個小小的奇蹟，更別說是免費的了。

我不確定我在這裡該期待什麼，但我知道它會很棒。昨天露西・蕭（Luci Shaw）讀她的詩時，我坐在後面，我在N・D・威爾森（N. D. Wilson）談論信仰與藝術時做了大量筆記，並著迷地聽著查理・皮考克（Charlie Peacock）謙卑地提供他對名聲與我們所處文化的看法。我到目前為止最喜歡的時刻是當我坐在一個擁擠的房間後方，手裡拿著餅乾，腿上放著筆記本，聽著莎利・洛伊德—瓊斯（Sally Lloyd-Jones）用她令人愉快的英國腔俏皮地讀著故事。

現在是聚會的尾聲了，安德魯・彼得森以一個牧師的故事作為結束，這個牧師的辦公室裡有扇單向式的窗戶，他可以看見外面，其他人卻看不見裡面。一天，當這位牧師正在工作時，一名母親帶著兩個孩子經過。她在講電話，並且正好停在那扇窗戶前，她一邊說話一邊看著自己的倒影，不知道牧師能夠看見她。她的臉明顯流露出對於她所見的不滿。但是她的兩個孩子也看見了窗戶上的自己，他們很快就不再注意自己的倒影，反而湊了過去，將雙手搭在玻璃上，並看見了窗戶另一邊的牧師。

就在這個時候，安德魯結束了這個故事。他就這樣為我們的週末小聚畫下了句點，留給我們這個一邊講電話一邊對著自己倒影皺眉的心不在焉的母親，以及兩個將小臉湊到窗子上的孩子。

我深深欣賞他沒有為了我們之中的任何人用道德或解釋來包裝這個故事。參加這場聚會的人不害怕給事情留下開放性的結尾，不害怕給神秘及奇蹟留下空間，讓聖靈能夠說些令人驚喜的話語。

現在，我還不知道，但當我拿起包包，繼續想著這個故事時，我距離那段奇緣巧遇還有約二十四小時的時間，我絕不會知道要求它發生，但我很高興它發生了。先來點背景介紹。

一個渴望生活是詩歌與美的十七歲女孩，當終於有人出現並說這是真的時，她的內心悸動是難以言喻的。如果你曾收聽我的播客，可能已經知道這是關於誰的故事。那是我高中的最後一年，那晚去青年小組時我到得很晚。我不知道有位客座音樂家要來演唱的事，當我一見到她站在那裡，深邃、神秘的雙眸蘊藏著比如此年輕的她所應知道的還要多的故事時，我知道有事情要發生了。她拿起她的吉他，嬌小的身形幾乎消失在吉他的後方，開始唱了起來。

我在我的書《一百萬個小方法》中更完整仔細地描述了這一幕，因為它對我而言是個形塑人生的時刻。我意識到這位音樂家並不只是唱出音符而已；她唱出了**故事**。那個晚上，我初次在密西根州南菲爾德市的高地公園浸信會教堂中的青年小組室聽見莎拉・梅森（Sarah Masen）唱歌，此後多年，我找到一些奇怪的方法，用她歌詞中的短句作為我自己日記的標題，以及電子郵件的主題。我知道這聽起來很奇怪，但是在當時它是一種小小的表達方式。引用她的歌詞是我發現自己語言的羞怯的第一步。她的音樂是我大一、大二生活的配樂，後來，她的歌〈星期二〉（Tuesday）中的一句歌詞成為我的書《只是星期二》（Simply Tuesday）的靈感來源及書名。

你可能從未聽說過莎拉・梅森。也許你聽過她的丈夫，作家兼神學家大衛・達克（David Dark），或她的姊夫榮恩・佛爾曼（Jon Foreman），浪行者（Switchfoot）的主唱。無論如何，有些人可能會說，她要不是錯過了，就是仍在等待她的大突破，說她在九〇年代末是取得了一些成功，但後來就消聲匿跡了。但所有她過去做過的以及正在做的事，所有她年輕時花在音樂創作、長大後花在生活上的時間，這一切都不是白費。她決定在那個晚上現身為那些沒有安全感的高中孩子演唱，那當然不是一場有魅力的演出。但我很感激她答應了，因為我是那些孩子其中之一，遲到了，坐在後排的位子上，因她藝術家的慷慨之心，以及她簡單地拒絕為我們下結論而深受感動。

也許重要的不是等待一個大突破，而是關乎把自己內心存在的某些東西拿出來，讓它去觸碰別人身上的破碎之處。在密西根那個寒冷的夜晚，莎拉的音樂為我做到了。它喚醒了我內心深處不曾被觸碰過的某樣東西。她沒有完成什麼工作，或是向我解釋我的信仰。她只是分享自己的信仰，慷慨地展示自己的藝術，而讓聽者自己決定接受與否。我沒有在那個晚上找尋靈感，但靈感在那裡找上了我。

我從密西根州那所小學校畢業，在南加州念了幾年大學，然後轉學到北卡羅萊納的一所學校。就是在那裡，在初次相遇的幾年後，我聽說莎拉・梅森要在我們鎮上的棒球場舉行一場戶外音樂會。我沒有票，因為在那時候，我還沒有提前為這種事情做計畫的先見之明。我那輛黑色可樂娜（Corolla）小車的駕駛座就是我能得到的最好座位了。我開車到公園，決心搖下車窗，在街上找個離棒球場夠近的地方，從遠處欣賞能夠聽到的聲音，我很高興我在那裡。我發現可以從我停車的地方聽到整場音樂會，雖然不是很好，但是也足夠了。然後，就在她的歌〈進來吧〉（Come In）演唱到一半時，一對提早離開演唱會的夫婦注意到坐在車子前座的我，並給了我一張他們多餘的票。我感激地收下了，幾分鐘後，從街上聽到的陰鬱消沉音調就變成球場上那豐富多彩的樂音。原本的背景現在成了舞台的中心。

我坐在靠近前面的地方享受著音樂，後來，莎拉來到我站著的那塊草地，我們最後聊了起來，我們聊到她哥哥和我都曾經上過底特律郊區的一所小學校，雖然不是同一時期；聊到我記得她很久以前曾經來過我們的青年小組，坐在前面的一張凳子上唱著民謠、詩意的曲子，而我從那時候起就一直是她的樂迷。

現在是二〇一四年，而無意義小聚已經結束。我正要決定是否該在離開這座城之前去教會，如果去的話應該去哪個教會。這當然都是些小決定，但是離家一個週末並與人進行了大量閒聊之後，就連這些決定似乎也很難釐清。

我不是這裡的人，所以我參考了他們給的名單，選擇去救贖主教堂（Church of the Redeemer），因為這是我們這個週末聚會的教堂，也是在眾多不熟悉的選項中我最熟悉的一個教堂。當我走進去時，我感覺有點緊張，因為過去幾天我大部分時間都是一個人，雖然我通常喜歡這樣，但過了一段時間之後，就會開始覺得有點，嗯，孤獨。

我選擇坐在幾個週末聚會時認識的人後面，在傳統的聖公會儀式結束後，我對午餐有點拿不定主意，不想一個人，但也不想把接下來的五個小時花在機場登機口前等待。這種舉棋不定的搖擺狀態令我對自己感到厭煩。我有一輛租來的車，我應該直接離開。但我對食物以及人與人的連結都感到渴望，所以找個餐廳單獨吃午飯的想法並不是那麼吸引人。

當我刻意慢吞吞地收拾東西，好讓自己有點時間再想想時，我前面的人轉過身來直接問我要不要跟他們一起去吃午飯。「來嘛，」他們說，「妳可以搭我們的車。」於是我就答應了。這不在計畫中，也不是我的主意，但他們簡單地邀請我搭他們的車、成為他們團體的一分子，在那天這對我而言是個禮物。這邀請不是必須的，但肯定受到歡迎。

當我跟著他們走到停車的地方時，我察覺到了另一個邀請，這個邀請更不易察覺，因此幾乎被我忽略了。**注意**，祂說，**別忘了看看窗外**。

我坐進車裡，車上有三個人，我才剛認識沒幾天，但我感覺受到歡迎，也很自在，我很高興能跟他們聊天，雖然我們彼此不算太熟。開了一小段路後，我們在靠近貝爾蒙特（Belmont）的一家雞肉餐廳停了下來。

你可能不相信我——但我保證不是在編故事——我們把車停在餐廳旁，而就在那裡，透過我後座的車窗，我看見她坐在一張戶外休閒桌前，同座的還有她的丈夫和家人。那是莎拉・梅森，在一個週日午後正在吃雞肉。在那一刻，我想起了她的音樂如何在許多方面塑造了我的生活。

我下了車，臉上掛著微笑。我們認出彼此，並小聊了一會兒。我見過她的家人，我們一起拍了張合照。現在她知道她曾經帶給我多大的啟發了。我寄給她幾本書；她寄給我一些陶作。準確地說，我們不是朋友，但如果情況和環境允許我們在生活中彼此拉近距離的話，我們會是朋友，或**至少可能**是朋友。

但所有這些都無關緊要，因為你知道這跟莎拉・梅森無關，或者不完全有關。它是關乎我不斷地堅持掌控自己的生活。它是關乎我施加在自己身上的無止境壓力，要在正確的時間做出正確的選擇，最好的選擇。我忘記了，或者也許我從未真正相信過，事實上，生命中發生的最好的事，往往是與我的努力毫無相關的善意禮物。我對清楚方向和迅速解答的執念蒙蔽了我，使我看不見耶穌在漫長艱辛的過程中，通過人、人與人的連結，也通過他的身體，也就是教會，在小驚喜中以各種神奇的方式工作著。

我們做出決定，選擇下一步，但是當我們看不見未來時，便驚慌失措。如果選擇最終相信步伐會把我們帶到一個美好的地方，會怎樣呢？如果我們在說「是」時看見神，即使我們感到害怕，又會如何？如果我們決定在隨便一通電話、一個善意邀請、一張免費的票、一個輕輕的點頭、一隻伸出的手中看見祂呢？如果當我們把車停在一個吃雞肉的餐廳旁，從一個陌生人車子的後座看見祂，並且把這稱為一件**好事**呢？如果我們繼續堅持對控制的執念，就可能錯過這個發生在車窗另一邊的故事。如果祂說祂所做的將會遠超過我們的所求所想，那麼我有什麼資格在祂到達目的前阻止祂呢？

當我們制定計畫、填寫清單及做需要做的事情時，願我們仍記得始終對驚喜保持開放心態。與其堅持清楚的計畫，願我們願意安頓下來，邁出正確的下一步，即使這會帶我們前往某個沒有準備好要去的地方。願我們不再堅持每件事都要有個解釋。讓我們把耳朵輕輕地貼在神的心上，願意去回應微弱的低語及小小鼓勵，甚至願意開放自己，成為神給別人的一個暗示。

## 禱告

我若升到天上，祢在那裡；

我若在陰間下榻，祢也在那裡。

我若展開清晨的翅膀，飛到海極居住，

就是在那裡，祢必引導我；

祢的右手也必扶持我。

（〈詩篇〉第一三九篇第八到十節）

這是神的話。感謝神。

## 練習：看看窗外

這當然可以是個隱喻，但讓我們從實際出發。下次當你搭乘汽車、公車、火車或飛機時，花點時間看看窗外。注意你周遭發生的事，並且回過頭來注意發生在你裡面的事。你上次感覺收到來自神的驚喜是什麼時候的事？

第二十四章

# 懷抱著希望等待

我已經決定，如果可以重新活一次，我不只要爬更多山、游更多的河、看更多的夕陽……我不只要在初春赤足、秋天在戶外待到很晚；而且我不會再多花一分鐘時間來監督我的靈性成長……如果我能讓一切重來，我到底會怎麼做？……我只會在愛中做下一件對的事。——布倫南・曼寧（Brennan Manning），《神憤怒的渴望》（The Furious Longing of God）

二〇一六年三月一日晚上，在國際太空站待了近一整年之後，美國太空人史考特・凱利（Scott Kelly）和其他兩名太空人一起安全返抵地球。那時我已經追蹤他的Instagram帳號好幾個月了，一直對他從太空站傳回的地球影像感到驚訝。那些影像似乎不像真的，就像是仿造品或魔法。在太空中工作的人？真是難以置信。

史考特・凱利是美國太空總署（NASA）人類研究計畫（Human Research Program）的一員，這是個為期一年的任務，目的是探索長時間停留在太空對於人體的影響。更有趣的是，史考特・凱利有個同卵雙胞胎兄弟，這兩人也都是太空總署進行的一項雙胞胎研究的對象，這項研究旨在發現兩個擁有同樣基因的人在不同的環境中度過一年，一個在地球、一個在太空，會發生什麼事？我對這整件事非常著迷，不用說。

但是在返航的那天晚上，我覺得我是唯一關注這件事的人。媒體並未大幅報導史考特・凱利成為第一位在太空中連續生活三百四十天的美國人後返回地球的新聞，因為美國的每一台攝影機都聚焦在一個主要事件：數個州的初選結果，二〇一六年三月一日也是超級星期二（譯按：美國大選年的二或三月，多州同時舉辦總統候選人初選的星期二）。

由於我在他們返回地球的幾週前就無意間對這項任務著了迷，因此在太空船安全著陸前，我都睡不著覺。那天晚上我熬夜到很晚，收看nasa.gov網站，想要盡可能得知聯盟號TMA-18M（Soyuz TMA-18M）安全抵達的消息。而這整件事十分的反高潮，就像它應該的那樣。

這是項嚴肅的科學事業。螢幕上的影像大部分都是靜態的，一個大型飛行控制室的景象，有時會有圖表顯示太空船在特定時間的所在位置。只有零星的報告，只傳達事實，而這些事實大部分都是我不懂的，中間穿插著多段長時間的靜默。我等了又等，希望有趣的事情發生，但一切似乎相當平凡正常，缺乏所有其他地方正在發生的政治廣播的那種聳人聽聞感。簡言之，它很無聊。

雖然這樣，我還是奇怪地感謝這平淡的報導。這裡有一群獻身於嚴肅事業的成年人。報導裡面沒有螢幕底部的小提示，沒有來自太空總署的迷人記者提供小行星、太空旅行或月球的有趣消息。只有科學和安全，沒有戲劇性情節或浮華炫目的東西。如果我們想看？那很好。但無論我們是否收看，這事情都在發生。他們要把太空人帶回家。

當我聽到史考特・凱利安全著陸後，我的腦袋仍徘徊在睡覺邊緣，此時我回想了一下幾個小時前看到的一些選舉結果報導。我懷著憤世嫉俗及恐懼的心情想到我們國家的未來，但我注意到自己的內心深處有著希望與感恩的小小火花。因為我們的時代是在神的手中。雖然需要由傑出的男人與女人組成的團隊將太空人送上太空，並將他們再次帶回，但我們卻有一位創造太空的父親。祂是我們善良、今在永在的神，祂深知我們，我們的行為、輝煌、罪、渴望、恐懼、想法，以及所有的決定。我們很容易忘記傾聽來自我們父親最安靜的低語，訴說祂的安慰及在場，祂在每個問題、每個呼喊及每個希望中都與我們同在。

那天晚上，處在生活與夢境的迷霧之中，我感覺到一縷細細的思維飄進了我的腦海，在那艘太空船降落地球表面的方式與神作為嬰兒在一個漆黑的夜晚悄悄降世這兩件事之間，我建立了最鬆散的連結：當所有人都望向另一邊時，他們抵達。

很可能，你拿起這本書是因為你正處於人生的過渡期。許多我們的決定疲乏往往是在人生的轉折點上顯現出來。也許你是個學生，你因為你成為的成人與人們仍記得的那個孩子之間的緊張關係而掙扎。也許你正在適應新公寓、新城市或新工作，還沒有一套可預測的常規程序可循。也許你的孩子放學回家，你感覺家裡吵鬧、擁擠得難以忍受，你愛孩子，但也需要一些空間。也許你正因失去而悲傷、因勝利而慶祝，或者你發現某件你信以為真的事物不再是真的了，也許它從來就不是真的。

神的國度就在這裡，在這個生命階段，在這個季節，在**現在**這一刻。也許你感覺自己正在生活中的某些地方再次埋下種子。你將一個想法、一段關係、一次失落或一個夢想當成種子保存著，而且你敢相信它會生長。所以你在冰涼的土裡掘了個洞，將那種子扔進黑暗中，覆蓋起來，然後等待。如果你對園藝、成熟和生命一無所知，你做的這一切似乎違反直覺。直覺告訴你，必須一直保存這些東西，將它們留在陽光下，以便展示、生產、修理、工作和計畫。畢竟，你需要做這個決定。但是為了這個想法、這段關係、這次失落或這個夢想能迸發出生命之光，它首先必須被埋葬在時間的黑暗中。

你將希望的清水澆灌在覆蓋那隱藏種子的土堆上，你希望它會開始呼吸、破土而出、向下扎根，然後長出綠意。你凝視著這塊土地，一天天過去，均不見萌芽，反而是懷疑開始在你的心中滋長。也許這整件事你都做錯了。也許你把它埋得不夠深、水澆得不夠多，還是給它的生長空間不夠大。也許你錯過了季節之窗——你不是做得太遲就是太早，不是太多就是太少。也許你埋錯種子了。也許你根本就不該將這種子埋下。

等待時，質疑很容易，懷疑很正常。但是有另一個現實運作著，一個我們在沒有幫助時就無法總是看見的現實。這要從神在這世界上的行動說起。如果神將這世界上下擺直，我們就沒有季節或變化，只有太陽終年直射在赤道上。但祂卻選擇將它傾斜地擺在地軸上，讓草莓、紅葉、安靜的雪、狂怒的颶風、春天的陣雨以及高高向祂敬禮的向日葵得以存在。地球的傾斜讓漫長的光明與漫長的黑暗均得以存在。地球的傾斜讓變化得以存在。地球移動，施予一些人、剝奪另一些人，但隨後它旋轉起來，並再次給予一些東西。當過渡期來臨時，我們能從世界的固有節奏中得到一些小小的提示嗎？

早晨，我們拉開窗簾，迎入陽光。在連日陰雨後，太陽終於再次露臉時，我們外出散步。陽光難以捕捉，更不可能保存，但至少我們試著讓自己沐浴其中。在溫暖的火光旁，我們看見希望反映在所愛的人眼中。在燭光搖曳之下，晚餐的餐盤看起來就像個藝術品。中午時分，當我們疊好毛巾，客廳地板上那片緩慢移動的黃色光影是我們無聲的陪伴。

隨著太陽優雅地滑過四季的天空，水與窗戶均反射它的光芒，我們思量著這份光的禮物，以及神在白晝時的各種顯現方式，均帶著喜樂的祕密訊息。透過這世界的昏暗光線向外看時，願我們持續轉向內心深處祂存在的明亮之光。就像初夏游泳的孩子們從寒涼的水中上岸，尋找著明亮的青草與水泥地以便在上面取暖一樣，願我們也能尋找生活中的光明之地。

我是否允許光做它最擅長的事：溫暖、充實、提升呢？

當我們學著擁抱光明時，願我們不要忘記黑暗的禮物。我們抱著出生僅十二個小時的嬰兒，她緊閉著眼睛以抵禦這世界。對她而言，光明是個陌生人，**黑暗**才是令人安慰的夥伴。她只知道母親身體裡的黑暗，而我們不會太快將它從她身邊奪走。因為現在，黑暗代表著安全，因為那就是黑暗對她的意義。我們不敢在她準備好之前將她推向光明。她的眼睛會以她自己的時間和方式適應光明。

我是否允許黑暗做它最擅長的事：遮蓋、保護及生長？

神在光中宣布祂的榮耀，但祂首先在黑暗中形成新的生命，在祂的時間中、以祂自己的方式將它帶到表面。神在白晝的光中也在最黑的夜裡與我們同在。「黑暗也不能遮蔽我，使你不見，黑暗卻如白晝發亮。黑暗和光明，在你看都是一樣。」（〈詩篇〉第一三九篇第十二節）

我們想要做出好的決定，但決定很少是重點。我們想要與美好的神一起過美好的生活。①但一切歸根結柢不都是信任的問題嗎？我們害怕選錯路口、轉錯方向，走得太快，或是不夠快。我們害怕會脫離神的旨意，錯過祂的祝福，錯過我們的道路。我們擔心我們的動機、看法以及在這世界上的位置。

懸而未決的決定糾纏著我們，微小的膽量等待召喚出完美的行動。它們在我們中間那些長期優柔寡斷的人耳邊低語著可能性，我們坐著等待一個永遠不會到來的答案。

我是被呼召來做這件事，還是我只是沉迷於獲得確認？

我想跟這個人結婚，還是只是想要被愛？

我應該上這所學校，還是我只是喜歡它給我的聲望？

誰會告訴我們什麼是最好的？我們如何確定呢？

當我們把兩件原本可以並存的事情彼此對立起來，就會陷入麻煩。你可能被呼召去做某個特別的工作，**並且**沉迷於獲得確認。你可能想和某個男人或女人結婚，**並且**希望以不健康的方式獲得愛。你可能在某個學校成長茁壯，**並且**因為它的聲望而心懷驕傲。如果（或是當）你發現動機不純時，這不意味著你的選擇是錯的。但它確實意味著你還有許多東西需要學習，你非常需要耶穌，你正是在這裡可以與他同行，朝著成為健康及完整的人的目標前進。

我們的下一件對的事往往是等待。給予時間，讓雜亂無章的事物得以清楚。為你的靈魂創造喘息的空間。讓你的渴望可以有一席之地。開始命名尚未命名的事物。

等待、傾聽、重複。

這世界不是非黑即白，這意味著決定很少有絕對的對與錯。你選擇了哪條路並不總是很重要。重要的是神與你同在。有時我在想，神在我們內心和我們周遭的行動似乎如此緩慢，是否因為祂知道我們需要時間來讓我們的黑與白，漸漸融合為更有層次的漸層灰。當我們過著快速、匆忙、忙碌的生活時，很容易採取線性的分類方式。但那是機器人的方式，不是人類的方式。我們的艱難決定使我們得慢下來，並因此而感謝神。決定是祂說**我愛你**的方式。一切是從伊甸園開始的，那時祂給了亞當和夏娃所有的樹，除了一棵以外，因為祂希望他們能夠自由。我們的選擇形塑了我們的生活，而祂形塑了我們。但無論如何，我們仍在神的手中。

讓我們開始相信自己，因為我們與我們的朋友耶穌同行。

讓我們能鼓起勇氣，選擇最好的事物，當我們的選擇不是最好時，讓我們有從頭來過的信念。

讓我們拒絕因為看不清方向而感到羞恥，但是當我們等待種子生長時，如果需要，讓我們的問題糾纏不去。

讓我們記住，雖然也許需要等待結果，但永遠不需要等待存在。

讓我們將自己的不知帶到神仁慈的存在中。

讓我們持續為靈魂創造空間，為內心那些尚未被命名的事物命名，並在愛中做下一件對的事。

# 禱告

祢告訴亞伯拉罕離開他的家鄉、人民，以及他的父家，卻沒有告訴他到底要往哪裡去。

祢告訴摩西帶領人民出埃及，卻沒有給他一個五星期計畫。

祢告訴瑪利亞她會有個兒子並稱他為耶穌，但祢沒有向她保證他會安全，或保證她的生活會一帆風順。

祢不是一個會給予明確步驟的神。

但祢邀請亞伯拉罕到外面來，叫他抬頭看看星空，說你的後裔也要如此。

祢讓摩西見到異象，流奶與蜜的應許之地。

祢在瑪利亞的耳邊，低聲訴說世界的救贖。

祢從來不承諾清楚方向。但祢總是給予充滿希望的異象。

祢總是應許祢的同在。

無論祢往哪裡去，我都與祢同去。不要害怕。

# 謝詞

兩年來，這個計畫在我心中悄悄成形，我試著寫這本書已經好幾個月了，但卻做不到。我最多只能這裡寫個一句，那裡寫個想法，但就是湊不成完整連貫的文字。最後我意識到解開令我卡住的那個祕密的鑰匙。事實證明，這些內容不想要被寫下來，而是**想要被說出來**。

二〇一七年八月，我發表了《下一件對的事》（The Next Right Thing）播客第一集，二十個月後的現在，你手上拿的這本書就是來自這個播客的啟發。有時你必須讓藝術自己告訴你它想成為什麼，而不是反過來。一開始的播客現在啟發了這本書，而我必須感謝以下這些人，他們讓《下一件對的事》產生了令人驚喜的變化版本。

感謝安德里亞・多林（Andrea Doering）及瑞佛圖書（Revell）的整個團隊伸出援手，在十個月的時間內完成了這整件事，這感覺起來就像是出版年代的獨角獸魔法。

感謝麗莎・傑克森（Lisa Jackson）結合了異象打造與靈魂顧惜的出色工作。我等不及要看看接下來會發生什麼了。

感謝安・博格爾（Anne Bogel）、艾麗・法隆（Ally Fallon）、克萊兒・迪亞茲—奧爾蒂斯（Claire Diaz-Ortiz）、克萊兒・貝雷特羅（Claire Pelletreau）以及梅麗莎・朱耳萬（Melissa Joulwan）的脆弱以及聰明的商業頭腦。感謝利伍德的大女人們：麥奎琳・史密斯（Myquillyn Smith）、卡洛琳・特塞爾（Caroline Teselle）、康卓拉・阿達奇（Kendra Adachi），以及蒂許・奧森瑞德，感謝妳們理解它並明白我。感謝其餘的文學倫敦（Literary London）旅人們：潔美・B・高登、布里・麥柯伊（Bri McKoy），以及史蒂芬妮・蘭格福特（Stephanie Langford）肯定我的下一件對的事。

感謝專業作家們幫助我挑選這個封面，尤其是感謝爸爸和布萊恩・狄克森（Brian Dixon）總是為我打氣。

感謝學徒體驗的四號社區（Community 4 of The Apprentice Experience），國度中的生活因為認識了你們而更加美好。

感謝希望教堂（Hope Chapel）成為我的子民。感謝麥可・范帕特（Michael VanPatter）邀請我在那一年的最長之夜服事中朗讀溫德爾・貝瑞的詩。沒有這次的經驗，我不確定會不會發現原來我這麼喜歡朗讀。

感謝瑪麗恩・甘布爾（Marion Gamble）和我在日光室的談話以及總是鼓勵我堅持做下一件

對的事。還要感謝貝絲・希爾弗斯（Beth Silvers）幫助我看清楚中間的畫面。

感謝《下一件對的事》播客的聽眾們，因為沒有你們就沒有這本書。

感謝崔西・哈蒂（Traci Hardy）讓我成為更好的人。感謝漢娜・科蒂（Hannah Kody）信實的禱告。感謝康卓拉・阿達奇的智慧、同在、蛋糕、適時的動態圖片，以及基本上妳做的一切。

感謝我的姊姊兼拒絕導師麥奎琳・史密斯讓我對這本書說「是」。感謝我的父母和雪莉（Sherry）的愛與支持。

感謝愛娃、史黛拉（Stella）以及路加（Luke），因為他們是我所認識最酷的人。

感謝約翰，每個箭頭都指向你。

感謝父神、子神以及靈神，因為祂們是我們對希望的敘事。

# 注釋


## 第一章　做下一件對的事

1. Alcoholics Anonymous, Alcoholics Anonymous: The Story of How Many Thousands of Men and Women Have Recovered from Alcoholism, 4th ed. (New York: Alcoholics Anonymous World Services, Inc., 2001), 70.
2. Susan S. Lang, "'Mindless Autopilot' Drives People to Dramatically Underestimate How Many Daily Food Decisions They Make, Cornell Study Finds," Cornell Chronicle, December 22, 2006, http://news.cornell.edu/stories/2006/12/mindless-autopilot-drives-people-underestimate-food-decisions.

## 第二章　成為一個靈魂的極簡主義者

1. Minimalism: A Documentary About the Important Things, directed by Matt D'Avella (Catalyst, 2015), documentary; https://minimalismfilm.com/.
2. Tsh Oxenreider and Joshua Becker, "The More of Less," The Art of Simple (audio blog), June 11, 2016.
3. A. J. Swoboda, "Incarnational Tradition," lecture, June 28, 2018, History and Traditions of Christian Spiritual Formation (online class), Friends University.
4. Andy Crouch, The Tech-Wise Family: Everyday Steps for Putting Technology in Its Proper Place (Grand Rapids: Baker Books, 2017).

## 第三章　為敘事取個名字

1. Madeleine L'Engle, Walking on Water: Reflections on Faith and Art (New York: Convergent Books, 2016), 102.
2. CNN, "@ThisHour with Berman and Michaela: Obama Heads to NATO Summit; Ebola Survivor Nancy Writebol Speaks Out; Cease-fire in Ukraine or No?" CNN Transcripts, September 3, 2014, http://edition.cnn.com / TRANSCRIPTS/1409/03/ath.01.html.

## 第四章　校正我們對神的看法

1. 根據蓋瑞・布雷克（Gary Black）在他的書《發現原福音派信仰》（Discovering Protoevangelical Faith）的看法，這句話被認為是魏樂德最值得銘記的智慧之一。

## 第五章　尋找箭頭

1. Ann Patchett, What Now? (New York: Harper, 2008), 77.
2. Dallas Willard, The Divine Conspiracy: Rediscovering Our Hidden Life in God (New York: HarperOne, 2018).
3. Dallas Willard, Hearing God: Developing a Conversational Relationship with God (Brookfield, WI: Dolan Productions, LLC, 2011), 261.
4. Willard, Hearing God, 261.

## 第八章　知道自己更想要什麼

1. Ruth Haley Barton, Sacred Rhythms (Downers Grove, IL: InterVarsity Press, 2006), 23.

## 第十章　放棄某樣事物

1. Greg McKeown, Essentialism (New York: Crown, 2014), 5.
2. David Benner, The Gift of Being Yourself (Downers Grove, IL: Inter-Varsity Press, 2008), 88.
3. Adam S. McHugh, The Listening Life: Embracing Attentiveness in a World of Distraction (Downers Grove, IL: IVP Books, 2015), 185.

## 第十一章　停留在今天

1. Ted Loder, "Gather Me to Be with You," Guerrillas of Grace: Prayers for the Battle, 20th Anniversary Edition (Minneapolis: Augsburg Books, 2005), 76.
2. Eugene H. Peterson, The Jesus Way: A Conversation on the Ways That Jesus Is the Way (Grand Rapids: Eerdmans, 2011), 97.

## 第十三章　不要急著得到清楚答案

1. Marie Forleo, "You Can't Rush Clarity or Force Growth. Cultivate Patience. #Trusttheprocess," Twitter post, March 6, 2018, twitter.com/marieforleo/status/971074693137682437.
2. Marie Forleo, "The Secret to Finding Your Passion (Hint: It's Not What You Think)," Oprah.com, November 14, 2012, www.oprah.com/supersoul sunday/the-secret-to-finding-your-passion-hint-its-not-what-you-think.

## 第十五章　聚集共同聆聽者

1. Parker J. Palmer, "The Clearness Committee," Center for Courage & Renewal, accessed October 31, 2018, www.couragerenewal.org/clearness-committee/.

## 第十七章　向拒絕導師學習

1. 我的姊姊麥奎琳・史密斯是終極的拒絕導師。你可以在這裡找到她： thenester.com

## 第十九章　回歸自我

1. Macrina Weidekehr, Seasons of Your Heart (New York: HarperOne, 1991), 71.

## 第二十一章　穿更好的褲子

1. 如果你發現自己正在與住在你腦子裡的某個版本的好女孩鬥爭，她告訴如果你可以更努力，就會成為更好的自己，你也許會喜歡我的書《好女孩的恩典》（Grace for the Good Girl）。這本書說的就是學習放下你努力奮鬥的生活。還有一個給青少女（主要是高中學生）閱讀的版本叫做《優雅》（Graceful）。你可以在這個網站找到這些書以及更多訊息： emilypfreeman.com/the-books。
2. Dallas Willard, Living in Christ's Presence (Downers Grove, IL: Inter-Varsity Press, 2017), 151.
3. Leeana Tankersley, Breathing Room (Grand Rapids: Revell, 2014), 141–42.

## 第二十二章　走進房間

1. 肯尼・帕索爾和傑克・唐納吉是NBC電視台於二〇〇六年至二〇一三年播出的電視劇《超級製作人》（30 Rock）中的角色。肯尼是總是面帶微笑、過於熱心的NBC雜工，傑克則是又酷又自信的執行長。潔西卡・戴和尼克的女友茱莉亞則是FOX電視台於二〇一一年至二〇一八年播出的電視劇《俏妞報到》（New Girl）中的角色。茱莉亞是個悲觀主義者；潔西卡則總是樂觀。

2. 亨利・盧雲在他的書中談到耶穌所受的這三個試探，參見In the Name of Jesus: Reflections on Christian Leadership (Hong Kong: Logos Book House, 1992)。

## 第二十四章　懷抱著希望等待

1. 作家司傑恩（James Bryan Smith）針對與美善的神同在的生活這一主題寫了一系列書籍。第一本是The Good and Beautiful God (Downers Grove, IL: InterVarsity Press, 2009)。

# 延伸閱讀

## 謙遜：讓自己從自戀世界的陷阱中解放

Humble：Free Yourself from the Traps of a Narcissistic World

戴瑞．凡．湯格蘭（Daryl Van Tongeren, PhD）◎著
朱浩一◎譯

**紐約時報暢銷榜榜首《逆思維》作者 亞當 · 格蘭特 強力推薦**

超自我時代，人人都需要的一本書！

我們怕被別人看見「真正的我」，所以假裝自己很懂；
我們覺得自己是正確的一方，夫妻伴侶吵架絕不讓步；
我們以為高人一等，掌握支配權力，當作是自信的表現；
我們不想面對一團亂的現實，選擇逃避，躲起來，以為這樣就安全了……
當每個人習慣看向自己的肚臍眼，每個人都想保護自己這顆虛胖又脆弱的自尊心，「自我」已經登上了神壇地位……

也許活在這個世代，我們無法對「自戀」與「自私」免疫，
但因為「謙遜」，我們坦然接納真正的自己，
培養自我洞察的能力，善待自己，克服自慚形穢，
對自己的生命有了自主權與安全感，繼而充滿勇氣，與世界互動。

# 延伸閱讀

（全新譯本）

## 我為什麼相信？

The Reason for God

提姆．凱勒 Timothy Keller ◎著
趙郁文◎譯

**提姆 ． 凱勒說：**

**「沒有懷疑的信仰，就像一個身體內沒有抗體的人……**
**如果一個人未能耐心地傾聽自己內心的懷疑，他的信心可能在一夜間崩潰……」**

本書取材於古典文學、哲學、人類學，以及許多不同領域，
提姆 ． 凱勒集合許多思想巨擘的發聲，幫助你認識神，了解真理，
進而知道自己為何而活，為何相信。
他說「改變生命的信仰以及與上帝連結，
最好表達的方式是『信任』這個字。」
就以本書，讓我們再一次根深信仰的力量。

被譽為 21 世紀 C.S. 路易斯的提姆．凱勒牧師，
利用文學、哲學與生活化的對話，一一解釋這些信徒常詢問他的疑惑。
2008 年出版，立刻登上紐約時報與亞馬遜書店暢銷書 Top5，
更長銷至今，各界好評不斷！

## 延伸閱讀

（新版）

### 投降的勇氣

Courage to Surrender

湯米．赫爾斯頓 (Tommy Hellsten) ◎著
趙丕慧◎譯

**全世界都說成功才是王道，芬蘭國家治療師說，先與你的軟弱面對面。**

被譽稱為芬蘭的國家治療師——湯米．赫爾斯頓，
寫《投降的勇氣》時正面臨人生最大的危機，他住在空無一物，
只剩一張床還有書桌椅的公寓埋頭寫下這本書。
而他只想傳達一個觀念：就是你放棄什麼，終會再歸還於你！

作為一個公眾人物，湯米．赫爾斯頓的一舉一動都受到注目，
但他願意把自己當作白老鼠，他的人生裂開，他賭上一切，他在重要關頭，徹徹底底投降，
但他下定決心，知道自己沒有做錯，他要驗證這一份勇氣，也要告訴讀者，你的個人成長，
絕對可以從損害、創傷、依賴中走出真理。

# 延伸閱讀

## 上帝不眨眼：50 堂百萬人瘋傳的人生智慧

God Never Blink

芮吉娜．布雷特 (Regina Brett) ◎著
林宜汶◎譯

**網路流傳轉寄最廣的文章之一，有人不止收過一次**
**50 堂課從專欄刊登到被熱烈轉載，至少超過十年以上影響全球讀者心靈**

有人把這五十堂人生哲學列出來收藏在皮夾中，
有人黏在自己辦公隔間的牆上，
有人用磁鐵貼在冰箱上……
更多人將本書的內容張貼分享在部落格和網站上，
當每個人轉寄出去的同時，他們深深安慰了自己，也鼓舞了別人。

《上帝不眨眼》寫出「祝福」的新定義：生命沒有美麗的包裝，但依然是一個大禮物。
也許你現在害怕跌倒，恐懼面對生命，以至於只是呆坐在一旁，讓生命變得一團亂糟糟……
但既然你已經在人生派對的現場了，試試看「不玩到最後一刻，不要離場」。

Road 015

# 為自己做對的決定：影響一生的抉擇力

填回函雙重禮
①立即送購書優惠券
②抽獎小禮物

作者｜艾蜜莉・P・佛里曼
譯者｜陳雅馨
出版者｜大田出版有限公司
台北市一〇四四五 中山北路二段二十六巷二號二樓
E-mail｜titan@morningstar.com.tw http://www.titan3.com.tw
編輯部專線｜（02）2562-1383 傳真：（02）2581-8761
總編輯｜莊培園
副總編輯｜蔡鳳儀
行政編輯｜鄭鈺澐
校對｜黃薇霓／陳雅馨
內頁美術｜陳柔含

初刷｜二〇二三年五月一日 定價：四二〇元

網路書店｜http://www.morningstar.com.tw（晨星網路書店）
TEL:（04）23595819 FAX:（04）23595493
購書Email｜service@morningstar.com.tw
郵政劃撥｜15060393（知己圖書股份有限公司）
印刷｜上好印刷股份有限公司
國際書碼｜978-986-179-793-9 CIP:244.98/112000557

國家圖書館出版品預行編目資料

爲自己做對的決定：影響一生的抉擇力／艾蜜莉・P・佛里曼著；陳雅馨譯.——初版——台北市：大田，2023.05
面；公分.——（Road；015）

ISBN 978-986-179-793-9（平裝）

244.98 112000557